주의
영광을
보리라

주의 영광을 보리라
여관방 203호에 세워진 교회의 광야이야기

- 초판 1쇄 발행 2012년 7월 20일

- 지은이 주은총
- 펴낸이 정종현
- 펴낸곳 도서출판 누가

- 등록번호 제20-342호
- 등록일자 제2008. 8. 30
- 주소 서울시 강서구 염창동 282-19 현대아이파크상가 B 102호
- 전화 02-826-8802 팩스 02-826-8803

- 정가 11,000원
- ISBN 978-89-92735-71-1 03230

* 파본은 교환해 드립니다.
* 이 출판물은 저작권법에 의해 보호를 받는 저작물이므로 무단 복제할 수 없습니다.
* 독자의 의견을 기다립니다.
* lukevision@hanmail.net

여관방 203호에 세워진 교회의 광야이야기

주의 영광을 보리라

••• 주은총 지음

나의 가장 친한 신랑이자
내 존재의 이유되시며
내 삶의 가장 어두웠던 시간에도 함께 해주셨던
예수님께 이 책을 바칩니다.

차례
contents

프롤로그 하나님이 내게 주신 가나안을 향하여 … 8

01. 사람을 잃은 사울 … 13
부모에게 실망하다 | 마음을 얻다 | 희생할 줄 아는 지도자가 그립다 | '연약한 자'를 들어 '놀라운 일'을 행하시는 하나님 | 겸손한 사울이 변하다

02. 하나님께 버림받다 … 33
여호와의 신에 크게 감동되어 | 당신도 "삼손"인가요? | 오직 주님만을 갈망합니다 | 끝이 아름다운 사람
Cristian story 오직 주님만을 갈망합니다

03. 옛적의 하나님의 일을 추억하다 … 53
따뜻함이 그리운 아이 | 잊지 못할 아름다운 만남 | 중생의 변화 | 그 어디나 하늘나라 | 하나님의 충격적인 임재 | 몰려오는 성령의 역사들
Cristian insight 중생에서 오는 변화

04. 인생의 위기를 맞다 … 81
고통은 너를 삼키지 못한다 | 어느 신학교로 갈까 | 고난 속에 꿈을 키워라 | 보금자리를 치워버리다 | 가장 가까이에 있는 사람을 조심하라 | 나를 지탱해주는 것들과의 결별 | 살 소망까지 끊어지고 | 훌륭한 인물은 어둠속에서 만들어진다
Cristian insight 고난과 고독을 통한 연단은 우리를 강하게 한다

05. 광야에서 … 109
어떤 여자의 이야기 | 광야, 너 대체 왜 있는 거야? | 네 마음이 어떠한지 | 너를 낮추시고 너로 주리게 하시며 | 마침내 네게 복을 주려하심이라

06. 하나님의 격려를 듣다 … 129
이젠, 그대여 세상에서 담대 하라! | 거인공포증을 신앙으로 극복하라 | 그 분은 살리신다 | 내 입에 꿀보다 더 달다 | 하나님과의 관계를 가깝게 하자

07. 한밤의 찬양 … 147
친밀한 인간관계를 맺지 못하는 사람 | 내가 너를 가장 잘 아노라 | 따뜻함을 공급받다 | 하나님께 감사의 박수를 올려드리다 | 감사는 인생을 살아갈 건강한 '힘' 이다

08. 너는 가라 주의 이름으로 … 165
하나님을 만나다 | 내가 정금같이 나오리라 | 어둠속에서도 밝은 빛이 있듯이 | 지금은 눈물을 흘릴 때가 아니다 | 일어나라! 일곱 번 넘어졌을지라도 | 나의 비밀

09. 가장 아름다운 향기-'용서' … 191
오직 예수 | 용서는 자신에게 주는 큰 선물이다 | 환난은 나를 끊임없이 움직이게 한다 | 힘이 있고 봐라! | 하나님이십니다

10. 더 큰 마음의 각오를 하라 … 209
그의 영혼을 위해 기도하다 | 더 큰 마음의 각오를 하라 | 언젠가 빛을 발하는 날이 온다 | 견디어내다 | 100년 된 산삼이 사람을 선택한다 | 쇠 빗장을 꺾으시는 하나님 | 기이한 일이 일어나다

Cristian story 언젠가 빛을 발하는 날이 온다

11. 다윗에게 붙여준 하나님의 사람들 … 235
다윗의 기초 | 베드로와 안드레처럼 | 안드레같은 집사님 | 하나님의 선물 | 시냇가에 심은 나무 | 하나님이 고치지 못할 사람은 없다 | 선택의 기초 | 귀환

프롤로그
prologue

하나님이 내게 주신 가나안을 향하여

부모의 사랑과 보살핌을 받지 못하고 자란 어린 시절에 다행히도 주님은 나에 친구가 되어주셨다.

하나님은 나의 기적이 되어 내 나이 14살에 어머니를 만나게 하시고 아버지가 목사님이 되게 하셨다. 너무나 가난하여 여관방에서 2년을 보냈지만, 하나님은 그 여관방 203호에 교회를 개척하게 하시고 또 하나의 기적을 이루셨다. 아마, 대한민국 그 어느 곳을 찾아보아도, 여관방에 교회를 개척한 교회는 없을 것이다. 감자탕교회, 깡통교회는 들어봤어도 여관방에 교회를 세웠다는 이야기를 들어보았는가?

하나님의 위대한 손길은 여관방 203호에 세운 교회를 살아남게 하시고, 나를 주의 길로 갈 수 있게끔 친히 배려하셨다. 그런 엄청나고 꿈같은 일들이 단 번에 펼쳐지게 하시더니, 하나님은 또 다시 나를 광야로 몰아넣으시고 돌아오게 하셨다. 이 책은 바로 여관방 203호에 세워진 교회와 또 나에게 주신 광야생활에 관한 이야기다.

일생을 살면서 우리가 통과해야만 하는 '광야생활'은 아무 의지할 데 없고 도와주는 이 없이 쓸쓸하고 거친 환경에 처해지는

것을 말한다. 이 광야생활을 하는 동안에는 이상하게 주위 사람
들이 들짐승과 같은 역할을 하는 경우가 많다. 한마디로 가까운
사람들조차 짐승처럼 달려들어 잡아먹지 못해 환장이다.
　바로, 이 광야에서 하나님은 우리를 새 중의 왕 독수리처럼
강하게 훈련시켜 마침내, 그 분은 우리가 독수리처럼 푸른 하
늘을 마음껏 날아다니며 꿈의 나래를 펼치게 하신다.

　다윗은 사울 왕을 '장인'으로 맞이하였다. 어쩌면 다윗은 소
년시절, 사무엘에 의해 '너는 이스라엘의 왕이 되리라'는 예언
을 기억하고 "와, 이것이야 말로 하나님의 인도구나. 내가 왕의
사위가 되다니."하고 감격했을지도 모르겠다.
　하지만 이게 웬 날벼락일까? 다윗은 사울 왕에 의해 궁궐에
서 쫓겨났다. 장인 사울 왕은 다윗의 인생에서 '조력자'가 된 것
이 아니라 원수가 되어 끊임없이 다윗을 괴롭혔다. 가장 가까
운 이들에 의해 다윗은 광야로 내 몰렸던 것이다.

　내 마음속엔 하나님이 내게 부르신 '소명' 그것으로 온통 가

득 찼다. 더군다나 어머니가 목회의 길을 걷기에 나는, '좀 더 수월하게 이 길을 걸어가겠지' 하고 기대했지만, 현실은 마치 그릇이 바닥에 떨어져 깨지듯 그러한 생각들이 와장창하고 깨져버렸다.

마흔 줄이 넘었고 자식도 없다. 손자를 안겨드리지 못한 나는 어머니와의 사이에 벽이 생겼다. 그 틈을 비집고 사촌이 어머니에게 다가왔다. 그리고는 어머니에게 손자를 안겨드렸다. 그리고 그 후에 벌어지는 일련의 일들은 '어쩌면 이럴 수가 있어?' 라는 선입견을 갖게 할 수도 있다. 왜냐하면 나의 시각으로 그 힘든 마음을 토해냈으니까.

야곱을 생각해본다. 야곱에게 주시기로 하나님이 맹세한 땅은 '가나안'이다. 하지만 야곱은 가나안이 아니라 저 멀리 삼촌 라반의 집에서 4명의 아내와 자식들과 안주하게 된다. 그러자 하나님은 야곱의 인생에 시련이 오게 하셨다. 야곱을 바라보는 낯빛이 예전과 같지 않았던 것이다. 야곱은 이렇게 그들의 박대로 인하여 하나님이 주신 자리로 움직이기 시작하였다. 인생에 갑작스레 찾아오는 위기들이 때로는 이렇게 우리를 움직이게 하는 에너지가 되기도 한다. 나 역시 이러한 고난으로 인하여 내가 있어야 할 사명의 자리로 나아갔다. 하나님이 내게 주신 가나안을 향하여.

이 글을 출판하는 데 있어 가장 도움을 많이 주신 분은 〈도서출판 누가〉의 정종현 목사님이다. 운동을 하는 사람에게 있어 가장 중요한 것은 '기본기'이다. 오랫동안, 코치생활을 한 사람들은 자신이 그 길을 걸어온 길이라, 한 눈에 장단점이 파악되기 마련이다. 그때 선수에게 있어 한마디씩 던져주는 코치의 조언은 절대적이다. 바로 그 역할을 해주신 분이 '정종현' 목사님이다. 기도와 더불어 다시 글을 다듬었다. 글을 다듬는다는 것은 마치 조각 작품을 만드는 것과 같아 깎고 또 깎고, 작품이 만들어져 가는 과정 속에 내가 얼마나 모순투성이었는지 발견하게 되었다. 겉으로 들어나지 않은 남은 상처들, 즉 그 분을 이해하지 못하고 그분의 마음을 힘들게 한 것들과 나의 모난 부분들, 이 모두가 깊은 회개와 함께 다듬어져 갔다.

추운 겨울에 오랫동안 잠들어 있던 개나리가 따뜻한 봄기운을 느끼며 피듯 아! 내 영혼이 하나님의 하실 일들을 기대하며 가슴이 뛴다. 내게도 어느 새 봄이 왔는가 보다. 누군가 함께 밖으로 나가 봄날의 따뜻함을 마음껏 만끽하고 싶다.

나와 함께 나이를 먹자
가장 좋은 것은 아직 나타나지 않았다.
인생의 끝, 그것은
처음을 위하여 만들어졌다.
하나님을 신뢰하라!
전부를 보라!
꿈을 가지라!
두려워 말라!
-Robert Browning

2012년 7월에 어은골에서

주은총 올림

01

사람을
잃은
사울

사무엘이 죽는 날까지 사울을 다시 가서 보지 아니하였으니
이는 그가 사울을 위하여 슬퍼함이었고
여호와께서는 사울로 이스라엘 왕 삼으신 것을 후회하셨더라
삼상 15:35

내가 원하는 것은 주 은총

내가 원하는 것은
세상에서 잘 나가는 것과
내 세울 만한 남편과 좋은 자식을 두는 것도
아닙니다

내가 원하는 것은
사랑하는 주님을 위해
나의 인생을 드리는 것입니다

내가 원하는 것은
많은 교인이 앉아 있거나
괜찮은 소문이 나는 것도 아닙니다

내가 원하는 것은
나의 인생의 모든 순간이
당신이 보시기에 흐뭇해하는 것입니다

그리하여
내 인생의 마지막 날
행복한 미소를 지으며
당신을 만나러 가는 것입니다

부모에게 실망하다

어떠한 책을 읽어 '영혼의 정원'을 아름답게 잘 가꾸어 갈 것인가 하는 것은 신학교시절의 고민 아닌 고민이었다. 그래서 평소에 목사님들이 권해주시는 추천도서는 내게 큰 자산이었다. 가난한 신학생임에도 불구하고 끼니를 아껴가면서까지 가장 많은 재정을 쏟아 부은 것이 바로 '책'이었다. 책은 그렇게 내게 있어 '보물 1호'나 다름없는 소중한 자산임에도 불구하고 이사 다닐 적마다 크게 애를 먹인 것 역시 '책'이었다. 좁디좁은 방에 다 놓을 수 없는 책들은 늘 '처분'될 곳을 찾았기 때문이다.

그럼에도 불구하고 영혼에 귀한 깨달음을 주는 책들은 처분되지 않고 항상 그 자리에 남아 있다. 그렇게 책을 좋아하는 내게도 '프랜시스 쉐퍼'라는 유명한 복음주의자의 명성은 마치 많은 이들이 칼빈이나 웨슬리를 대단히 여기듯이 내게도 결코 낯선 것이 아니었다. 우연히 책에서 접했던 '프랜시스 쉐퍼'의 모습은 다소 인간적인 연민을 느끼게 하였는데 그 역시 '자식과의 관계에 있어서 불화를 겪은 한 때'가 있었기 때문이다.

어느 부모 못지않게 자녀들을 향한 기대감으로 끊임없이 '최고'를 자녀들에게 기대하였고, 그런 부모의 모습은 자녀에게 부담을 주었으며 마침내, 쉐퍼의 아들은 부모의 그런 욕망적 기대감 때문에 부모의 신앙에서 멀어졌다. 어찌 이런 일이 남의 일이라고만 말할 수 있을까? 교회에서 특히 중직자의 자녀들에게서 부모의 신앙을 떠난 모습을 종종 우리는 본다.

프랜시스 쉐퍼는 아들에게 미술적 재능이 있는 것을 발견하고 그림을 다시 그리길 원했지만 아들은 부모의 뜻을 따르지 않았고 오히려 부모의 마음을 상하게 하였다. 그러나 프랭크 쉐퍼는 임종을 앞두고 있는 아버지를 위해 다시 그림을 그리기 시작한다. 그리고 아버지의 병실을 그림들로 채워둔다.

프랜시스 쉐퍼의 아들 프랭크 쉐퍼는 말년에 림프암으로 고통을 당하고 있는 아버지를 위해 '무엇을 할까?'를 고민하다 아버지에 대한 글을 쓰기 시작했다. 그는 『크레이지 포 갓crazy for God』이라는 책에서 아버지에게 가졌던 서운한 감정까지도 솔직히 쏟아 놓는다.

옥한흠 목사님 역시 살아생전, 아들이 목회의 길을 가게 되길 원했지만, 그것을 따라주지 않는 것에 늘 아쉬움을 가졌다고 한다.

옥한흠 목사님의 저서 가운데 『예수 믿는 가정 무엇이 다른

가?』라는 책이 출판 되자, 옥한흠 목사님의 자녀 역시 '아버지는 이런 책을 내실 자격이 없다'하고 반박하는 글을 어느 잡지에서 읽었다. 목회자의 자녀가 아버지에게 그렇게 이야기 할 수밖에 없는 고통은 늘 목회로 바쁜 부모를 보며 아버지를 교회에 빼앗겼다고 생각하기 때문이다. 그렇지만 그 분의 아들 역시 프랜시스 쉐퍼의 아들 프랭크 쉐퍼가 쓴 『Crazy for God』를 읽고 '아버지 옥한흠'에 관하여 글을 쓰기로 마음을 먹는다.•

어떤 한 아내는 신랑이 교회 일에 열심을 내려하면 늘 제동을 걸었다. 아내가 신앙생활을 제대로 안하니 남자 혼자서 신앙생활을 지탱하기가 여간 힘든 것이 아니었다. 하마터면 이일로 인해 이혼할 지경까지 이르러 급기야 남편 역시 주일성수조차 지키기 어려워지기 시작했다. 점점 교회에 발길이 뜸해지더니 상처받은 마음을 달래려 밤마다 탁구장으로 달려가기 시작했다.

그런데 왜 그 남자의 아내가 그렇게 교회 일을 막았을까? 그것은 바로, 그녀의 어머니 때문이었다. 그녀의 어머니는 교회 일에 지나치게 헌신적이었지만 가정을 돌보는 일에는 무관심했다. 어머니는 신앙생활이라는 미명 아래 가족들의 마음에 깊은 상처를 남겨 주었다. 아버지는 어머니와의 심한 갈등으로

• 옥성호, 〈아버지 옥한흠〉, 국제 제자 훈련원, 2011 발행

인해 결국 세상을 뜨고 말았다 한다.

그녀의 마음속엔 어머니의 신앙이 아버지를 죽였다는 응어리로 자리를 잡아 어머니의 무관심으로부터 받은 상처와 불쌍한 아버지에 대한 생각이 어두운 그림자가 되어 그녀를 따라다녔다. 이 그림자는 남편과의 관계에서도 교회 일에 열성을 보일 때는 심한 반발로 나타났던 것이다.

그런 그녀가 목사님의 권유로 어머니를 만나 지금껏 한 번도 말하지 않았던 자신의 속내를 처음으로 털어 놓았고 그녀의 어머니는 울분을 터뜨리고 있는 딸의 아픔을 처음으로 이해할 수 있었다. 모녀는 서로 부둥켜안고 한없이 울었다.

딸도 그제야 어머니의 사랑을 헤아리기 시작하게 되어 '어머니의 기도' 때문에 내가 지금까지 있었음을 서서히 인정하기 시작하자, 지금까지 자신의 가슴을 짓눌러 오던 무언가로부터 '해방'되는 것을 느꼈다.

이 책을 시작하는데 있어 갈등을 소재로 함은 나 역시 가까운 이들에게 상처를 받았고 그로 인하여 머릿속에서는 많은 생각들이 오가기 때문이다. 왜 이러한 일들이 내게 일어났을까? 그리고 그 생각의 단편들을 정리하는 데 있어 글이라는 것을 이용한 나는 지금 가면을 벗은 채 나 자신을 찾는 여행을 시작하려 한다. 나에게 있어 가장 중요한 것은 하나님의 시각으로 '문제'를 바라보는 것이다.

마음을 얻다

목사들이 영적인 권위를 잃어버린 까닭은 목사의 삶이 '모범'이 되지 못한 까닭이다. 가장 가까이에서 지켜보는 자녀는 부모의 그럴듯한 '말'을 통해서가 아닌 '행동'을 통해서 배운다. 자녀가 '나도 아빠처럼 목회자가 될 거예요.', '부모님을 존경해요.'라는 고백을 들을 수 있는 부모는 정말 행복한 부모다.

십여 년 전 당시 나는 가난한 개척교회 살림을 꾸리면서 신학교를 다녔다. 밤이 늦도록 학원에서 아이들을 가르치고 신학교를 다니며 개척교회 월세를 냈다. 월세 내는 날은 금방 다가오고, 전기세가 밀려 전기가 끊길까봐 근심을 하며 잠도 편히 이룰 수 없는 시기였다.

개척교회에는 늘 아이들이 많았다. 내가 있었던 동네의 특성상 주로 이혼에 의해 방치된 아이들이 많아 그 아이들을 돌보고 가르쳤다. 하루 세끼를 못 먹는 아이들과 방학 때는 학교에서 급식이 나오지 않아 하루 한 끼로 끼니를 때우는 아이들을 교회에서 돌보았고 아픈 아이는 병원에 데리고 가 치료를 받게 하였다.

그중에 '강호'라는 아이가 있었는데, 이 아이의 부모는 일찍이 이혼을 하고 당시 강호의 아버지는 중국인 여자와 동거를 하였다. 강호 아버지는 건축현장에서 일하는 일용노동자라 늘 떠돌아 다녔으며 중국인 새 엄마는 그를 돌보지 않았다. 강호는 점점 비뚤어져 학교마저 잘 다니지 않았을 뿐만 아니라 도벽이 심해 어른들에게 많이 얻어맞아 어른들을 경계하였다.

교회에서도 8만 원을 훔쳐 pc방과 찜질방으로 못된 친구들과 어울려 다녔고 그의 아버지는 강호가 물건을 훔쳐 배상한 것만 해도 200만 원이 넘는다고 하였다. 강호는 동네에서도 소문난 문제아였다.

그런 강호가 하루는 안산종합상가에서 물건을 훔치다 경비에게 걸려 원곡파출서로 넘겨졌다. 강호가 안산종합상가의 문이 닫히면서 밤새 그곳에서 있다가 물건을 훔쳐 아침에 빠져나오려고 하는 순간에 잡혔던 것이다.

강호 동생 '혜민'이가 울면서 교회로 찾아왔다.

"전도사님, 강호 오빠, 어떻게 해요? 우리 아빠 알면 이제 죽어요."

"혜민아, 하나님은 너를 사랑하신단다. 두려워 하지마."

울고 있는 혜민이를 가만히 안아 주면서 찬양을 불러주었다.
찬양을 끝내고 원곡파출소로 가서 경찰에게 빌고 또 빌어 강호와 그의 친구들 2명을 데리고 나왔다. 강호랑 함께 한지도 1년이 넘었는데, 친구 둘은 처음 보는 아이들이었다.

"너 어디서 왔니?"

"서울 독산동에서요."
"야, 임마, 도둑질하려고, 서울에서 여기까지 왔어?"
"너 네 엄마, 아빠 뭐해?"

아버지는 사기죄로 인하여 교도소에 복역 중이고 어머니는 단란주점에 다닌다고 하였다. 그래서 그날 단란주점에 다닌다는 어머니에게 전화를 걸었지만 통 연락이 되지 않았다. 속이 새카맣게 뒤집어졌지만 아이들의 영혼을 생각하니 하염없이 눈물이 흘렀다.

"주님, 이 아이들, 바르게 자라나게 해주세요. 나쁜 짓 하지 않게 해주세요."

기도를 마치고 아이들을 잠시 혼낸 후에 그래도 뭘 잘했다고 저녁밥까지 해먹이고는 교회에서 재웠다. 그렇게 강호는 늘 내 속을 썩였지만 낙심하지 않고 인내로 강호를 돌보았다. 여름성경학교의 때의 일이다. 돌아가면서 찬양을 부르는데 세상에, 애들 앞에서 수줍어하는 강호의 모습은 처음 봤다.

강호가 앞에 나와서 찬양을 부르기 시작했다.

"찬송을 부르세요. 찬송을 부르세요. 놀라운 일이 생깁니다. 찬송을 부르세요."

세월이 흘러도 그날 강호의 모습을 잊을 수 없다.

찬양을 부른 후, 강호는 "전도사님, 그동안 속 썩인 것 용서해 주세요. 저는 커서 소방관이 되고 싶습니다." 하면서 편지를 건네주는 것이었다. 세상에… 속만 썩였던 강호가 이제 꿈을 갖기 시작하다니. 그것도 소방관이라는 꿈을….

혜민이와 슬기도 이렇게 말을 건넸다.

"전도사님, 저는요, 전도사님 처럼요, 여자 목사님이 될 거예요. 전도사님 많이 사랑해요."

그동안 속만 썩이는 줄 알았는데 어린 아이들이 내 마음을 헤아려 주다니, 그날의 감동은 지금도 잊을 수가 없다. 개척교회에 어른들은 별로 없고 아이들 20여 명에 늘 재정적인 압박에 눌리고 지칠 때도 많았고 아이들 때문에 힘들고, 눈물짓고, 속상했는데 이제 제법 의젓해져 마음을 헤아릴 줄 아는 아이들이 되다니 정말 고마웠다.

많은 사람들이 부모를 존경하지만 자식들의 마음속에서 부모를 향한 존경심을 잃어 버렸다면 그보다 불행한 '일'은 없을 것이다. 돈 때문에 가족간에 '의'가 상하고 '욕심' 때문에 '부모나 형제'가 '남'보다 더 못한 사이가 되었을 때 얼마나 가슴 아픈 일이겠는가? 그 아픔이 얼마나 큰지, 가슴 한쪽이 얼마나 아려 오는지 그 아픔은 죽을 때까지 잊지 못할 것이다. 나이가 들어갈수록 부모의 욕심을 내려놓자. 잘못된 부모의 욕구가 부모와 자식 간에 의를 상하게 하여 평생 왕래가 없게 하는 남보다 못한 사이로 전락하게 한다.

희생할 줄 아는 지도자가 그립다

미국에서 경영학 공부하여 박사 학위을 가진 한국의 대표적인 기업가로서 한국의 경제를 이끌어 가던 분이 계셨다. 어느 날 이분이 암에 걸렸다. 의사는 사망 선고를 내렸지만 본인에게는 차마 그 말을 하지 못했다. 가족들은 더 말을 할 수 없었다. 이제 생명의 빛이 점점 희미해지고 죽음이 코앞으로 다가왔을 즈음, 가족들이 어느 저명한 목사님께 "마지막 유언을 작성하도록 해 주십시오."라고 부탁을 하였다.

부탁을 받은 그 목사님은 어떻게 이야기해야 할지 힘들어하다가 그분에게 충격을 줄까봐 말을 이리 저리 돌리다 이렇게 말했다.

"만약을 대비해서 유언장을 잘 작성해 놓으시죠."
"왜, 왜 내가 죽어!"

크게 역정을 내는 바람에 더 이상 말을 할 수가 없었다. 그리고 며칠 후에 그분이 돌아가셨다.

문제는 그 다음이었다. 자식들 간에 재산 싸움이 벌어져 형제들 사이에 소송이 벌어졌다. 그리고 회사는 공중 분해되어 버렸다. 만일 그분이 재력가가 아니었다면, 돈 버는 일에만 그처럼 열심을 내지 않았다면 자녀들이라도 행복했을 텐데. 그 자녀들은 돈 때문에 서로의 의가 상하여 다시는 형제간에 왕래조차 찾아 볼 수 없었다.

이 글을 쓰기 시작할 무렵에도 한참 교단 안팎으로 시끄러운 시기를 지나갔다. 교단은 분열되었고 이로 인해 끊임없는 소송에 시달리기도 하였다. 뿐만 아니라 존경하는 목사님의 얼마 남지 않은 마지막 은퇴 여정조차 지켜보기가 불안하였다. 그분의 가족과 교회 간의 불화가 늘 신문에 오르내리었다. 덕분에 개인적인 환경과 맞물려 하나님이 내게 원하시는 모습들을 생각하게 되었다. "나는 무엇을 남길 것인가? 나의 은퇴는 어떠한 모습일까? 나는 어떠한 모습으로 주님을 뵐 것 인가?" 하는 물음들을 통해 인생을 진지하게 생각해 보는 기회를 갖게 되었다.

가끔씩 우리는 외적인 조건이 잘 갖추어진 지도자들을 만날 수 있다. 그들은 뛰어난 능력에 화려한 학벌, 더군다나 수많은 사람들이 따르는, 한마디로 겉모습이 대단한 사람들이다. 나는 정기적으로 동기 목회자 모임에 나간다. 그 속에서 목회하다가 겪을 수 있는 목회에 관한 정보와 흐름을 얻기도 한다. 가끔씩은 유명하신 목사님들 이야기가 나오기도 한다. 이름만 대면 누구나 다 아는 그런 목사님. 그런데 한 목사님이 누구누구 목사님 이야기를 하면서 이런 말씀을 덧붙였다. "그냥, 한 번에 훅 갔습니다." 그 대단하신 별들이 떨어졌다는 이야기에 딱히 뭐라고 말하기에 '말문'이 막혀 버렸다. 떠오른 것은 단 한 가지, '평생에 몸을 낮추며 소신껏 살아야지.' 하는 생각뿐이었다.

겉으로 보았을 때는 그토록 대단한 지도자들 가운데는 안타깝게도 "어, 목사가 이런 생각을 가지고 있었어?" 할 정도로 내면의 세계가 허물어진 사람들도 있다. 심지어 말로 표현할 수 없는 뭔가 '독특한 성격'을 가지고 있는 사람들도 있다. 성격이 강하다는 것과 이상하다는 것은 다르다. 좀 독특하고 이상한 어떤 성격 때문에 그 사람이 매력이 있어 보이고 어떤 일을 해냈는지는 모르지만 마지막에는 그 성격 때문에 파멸에 이르기도 한다.

그렇다면 지도자에게 있어 가장 중요한 조건은 무엇일까? 그것은 겉으로 들어나는 모습이 아니라, 그 사람의 내면 즉, '도덕성'에 있다. 지도자가 가야 하는 길은 결코 넓고 화려한 길이 아니다. 어떻게 보면 '바보'같고, 별 볼일 없어 보이지만 묵묵히 그 길을 걸어가는 사람들, 바로 그런 사람들이 하나님이 귀하게 보시는 '지도자'이다.

요즘, 내 영혼에 신선한 충격을 준 '박태준' 포스코 전 회장이 있다. 그가 살아 있을 당시 나에게 별 감흥이 없는 사람이었다. 그러나 사람이 죽었을 때 그 진가를 안다고 하더니 그의 죽음으로 인해 그는 나의 마음속으로 들어왔다. 그가 나의 시선을 끈 것은, 다름 아닌, 그의 '청렴함'이었다. 여기에 관한 한 언론의 기자는 이렇게 평하였다.

"박태준 명예회장을 가장 빛내는 것은 그의 완전무결한 청렴함이었다. 경영능력을 견줄만한 이들은 많지만 박 명예회장만큼 검소

한 길을 걸었던 이는 단 한 명도 찾을 수 없으리라는 게 재계의 공통된 시각이다."

그는 포스코 회장 재임 중은 물론 퇴임 뒤에도 포스코 주식 보유를 철저히 거부했다. 일례로 1988년에 포스코 직원 1만 9419명이 발행 주식의 10%를 우리사주로 배정받을 때도 그는 단 한 주도 받지 않았다. 만약에 그가 보통 사람 정도의 사익이라도 취하는 삶을 살았다면 그는 주식만으로도 수천억 원 이상 가는 재벌이 되고도 남았을 것이다. 하지만 인간 박태준에겐 재산이 없다. 심지어 그는 그의 '집'조차 매각하여 그 돈을 청년들의 미래를 위해 써달라고 아름다운 재단에 기부했다.

그는 국가의 기반을 다진 거물급 경제인이었지만, 자신의 집이나 재산을 전혀 소유하지 않았다. 오히려 딸의 집에서 살면서 생활비도 자제들의 도움으로 마련해왔다. 그런 그가 이 세상을 떠나면서 그의 삶 전체를 한국에 기부했다.

야고보서 1장 15절에 "욕심이 잉태한 즉 죄를 낳고 장성한 즉 사망을 낳느니라."고 하였다. 이 욕심 때문에 부자간에 법정에서 싸우게 되고, 형제간의 의리마저 끊어놓고 만다. 심지어 욕심 때문에 교회와 목회자의 추문이 매일처럼, 신문, 잡지, 라디오 등 매스컴에 오르내린다. 그러나 진짜 지도자는 한 사람을 위해 소수의 몇 사람을 위해 자기 생애를 바치는 사람들이다. 보상이 없는 곳, 오래 있었다고 해서 아무도 알아주지 않는 그런 곳에서 주님 한 분만 바라보고 영광스럽게 사는 것, 이것이 하나님의 사람들이 사는 방법이다.

'연약한 자'를 들어 '놀라운 일'을 행하시는 하나님

내게는 나의 '어머니'처럼 목회의 길을 걸으시는 '이모님'이 계시다. 이 책을 이모님과의 이야기로 시작하려 한다. 왜냐하면, 내게 있어 연단을 허락하신 귀한 분이기 때문이다. 그 분을 처음 만났을 때가 생각난다. 벌써 약 삼십여 년 전의 일이다. '어머니' 없이 유년 시절을 보낸 내게 이모나 친척형제들이 있다는 것은 감히 꿈도 꿀 수 없는 일이었다.

그러나 내게도 기적이 일어났다. 나를 돌봐주시던 할머니가 쓰러지셔서 고아원으로 보내지려는 찰나에 '생모'를 만나게 된 것이다. 그러면서 내 나이 14살에 처음으로 외할머니, 이모, 외사촌들을 만나게 되었다.

부모의 제대로 된 보살핌이 없었던 터라 목과 발에는 때가 꼬질꼬질 끼어 있었고 푸석한 머리에 허름한 모습은 마치 영화에나 나오는 '전쟁고아'와 다름없었던 몰골이던 나를 직업이 미용사였던 이모는 미용실로 데려가 머리를 잘라주었다. 할머니가 아닌 다른 사람이 나의 머리를 잘라주었다. 거울 속에 비친 소녀는 마치 다른 사람 같았다. 머리를 자르기 위해 빗질을 할 때마다 한웅큼씩 '이와 벼룩'들이 땅바닥으로 떨어져 춤을 추고 있었다. 그것은 인생에서 이모와의 몇 번 안 되는 만남 중의 첫 만남이었다.

그 뒤 이모는 이십여 년의 넘는 세월을 TV 한 대를 벗 삼아 한 평 남짓한 곳에서 미용을 하며 두 아이들을 뒷바라지 하였다. 가끔씩 미용실을 찾아가면 '전기'를 아끼느라 방안은 어두웠고 사촌아이들은 이모에게 '500원'씩 용돈을 타 갔다. 그 때 용돈도 탈 수 있었던 그 사촌들이 얼마나 부러웠든지.

그런데, 그렇게 좁은 미용실에서 인생을 보내던 이모의 인생에 엄청난 반전이 일어난 것이다. 일개 '미용사'였던 이모가 신학을 하며 목회를 하기 시작한 것이다. 수많은 개척자들이 야망을 품고 도전하는 목회도 80% 이상이 실패를 하는데, 설마 이모가 '일'을 내겠어? 하는 생각도 잠시, 연약한 자를 들어 쓰시는 주님은 이모를 통해 더욱더 놀라운 일들을 펼치기 시작하였다. 참으로 꿈같은 일이 일어났다.

여성이라 목사 안수를 받기 어려운 시절부터 교단의 임직원에 이르기까지 이모의 자리는 일취월장하였다. 이제는 아무도 그녀가 '미용사' 출신이란 것을 믿지 않는다. 이모는 카리스마가 있었고, 심지어 동료목사님들까지 소위 "성공한 목회자"라며 고개를 숙였다. 아주 커다란 빌딩도 2, 3채 소유(?)하고 있었고 제법 건실한 '유치원'도 가지고 있었다. 선덕여왕에 나오는 고

현정역의 '미실'처럼 이모의 권력(?)은 대단했고, 이모가 속한 지방회 소속 목사님들이 이모의 지도를 받았다. 연약한 자를 들어 쓰시는 하나님의 손길에 의해 이모는 점점 더 여성의 한계를 뛰어 넘고 있었다.

겸손한 사울이 변하다

부모님이 목회자이셨고 주의 길을 걷는 형제와 친척들이 많기에 어쩌면 나는 다른 이들 보다 더 많이 목회자의 이야기를 들을 수 있었다. 많은 목사님들이 맨 손으로 교회를 개척하여 정말 갖은 고생 끝에 잘 지어진 본당과 교육관, 주차장을 갖게 된다. 지나가는 사람들 조차 잘 지어진 건축물들을 보며 놀라움을 금치 못한다. 그 덕분에 목사님도 이제 한층 업그레이드 된 안정적인 목회를 시작하게 된다. 동료 목회자 사이에서도 시샘어린 눈빛을 받을 수도 있고, 이제는 어깨에 상당히 힘을 준다. 한걸음 더 나아가 노회에서는 물론 총회에서도 상당히 높은 자리를 역임하게 된다.

이렇게 겉보기에 잘 나가는 교회에서 성도들은 속으로 자꾸 목사님이 변해간다는 서운함마저 드는 것은 왜일까? 성도들이 자신들보다, 건물을 더 소중히 여기는 것 같아 속으로 상처를 받는다. 그러면서 점점 더 목사님과 교회에 환멸을 느끼게 된다. 도대체 왜 그럴까? 그런데 그 이유는 생각보다 어렵지 않다. 목회자가 초심을 잃고 변했기 때문이다. 밑바닥에서부터 살아남은 목사님들은 대체로 엄청난 '집념과 고집'을 가지고 계시다. 인간으로서는 누구도 목사님의 고집을 꺾을 수 없다. 지독하다. 쉽게 지지 않는다. 아니 '주의 종'이라는 신분 때문에, 감히 목회자에게 반기를 들 수가 없다.

그러나 분명한 것은 목사님이 변하셨다는 사실이다. 그토록 신실했던 목사님이 실망스럽게 변해가고 있다는 사실이다. 마치 사울처럼. 사울도 그 누구 못지않게 이스라엘을 구원하던 사람이었다. 그러나 '바로 지금'의 모습은 전혀 그렇지 않았다. 이전에는 금과 같고 정금과 같았던 그렇게 신실하던 사람이 성령의 충만함과 기쁨을 잃고 있다.

"슬프다 어찌 그리 금이 빛을 잃고 정금이 변하였으며…" _애가 4:1-2

나는 어렸을 적 가난으로 인해 놀림을 많이 받았다. 한 번은, 동네 아이가 먹고 떨어뜨린 새우깡이 얼마나 먹고 싶었던지, 후다닥 주워서 입속으로 넣었다. 그 순간에 동네 아이들의 소리가 들려왔다

"거지래요. 거지래요"

사실, 나는 예수님이 부유한 집에 태어나지 않고 가난한 목수의 아들로 오셨다는 사실에 많은 위로를 받았다. 그러면서 예수님은 하나님의 아들인데도 불구하고 왜 '마구간'에서 태어났을까? 왜 예수님은 잘 배운 사람들이 아닌 비천하고 무식한 자들을 제자로 삼으셨을까? 왜 예수님은 가난한 자와 병든 자, 창녀와 같이 소외된 자들과 함께 하셨을까? 하는 생각들을 했었다.

예수님이 비천한 말구유에 오셔서 십자가 위에서 삶을 마치신 까닭은 그 어떤 가난한 사람에게도 그 어떤 죄인에게도 하나님의 사랑이 동일하심을 알게 하기 위한 것이다. 그런데 오늘 날 목회자는 얻어서 안 될 부와 명예를 교회를 통해 너무 많이 얻어버렸다. 그래서 하나님의 영광을 도적질하고 성도들의 재물을 착취하는 자리로 빠지고 말았다. 오늘날 목사의 말씀에 능력이 나타나지 않는 까닭은, 목사가 비굴하게 살 수 밖에 없는 까닭은 너무나 세속화되었기 때문이다.

사울 역시 마찬가지로 왕에게 중요한 것은 '하나님의 뜻' 보다는 '자신의 왕권이 견고해 지는 것과 나아가서는 왕권을 아들 요나단에게 양위'하는 것이었다. 사울은 자신의 욕심 앞에서 허무하게 무너져 내렸다. 이처럼 어떤 공동체건 그 공동체를 와해시키는 가장 효과적인 방법은 '지도자'를 무력하게 만드는 것이다. 지도자가 음란해지면 공동체에 음란이 넘쳐나게 되고, 지도자가 물욕에 눈이 어둡게 되면 공동체 전체가 돈을 손아귀에 붙들게 된다. 지도자가 명예욕에 사로잡히면 공동체가 쓸데없는 것들에 치중하면서 사단의 장단에 맞추어 춤을 추게 된다.

그러므로 과거에 하나님께서 사용하셨다 해서 앞으로도 하나님께서 사용하실 것이라고 감히 확신하지 말라. 사도바울의 고백이 생각나지 않은가.

"내가 내 몸을 쳐 복종하게 함은 내가 남에게 전파한 후에 자기가 도리어 버림이 될까 두려워함이로라" _고전 9:27

하나님의 도구였으나 사탄에게 정복당하고 말았던 사울의 영혼 속에서 '하나님 앞에서 왕으로서 언약했던 순종의 권위'는 이미 사라진지 오래다. 그 순수했던 모습은 차츰 자취를 감추고, 오로지 돈과 명예와 권력에 집착하는 한낱 욕심 많은 노인네에 불과할 뿐이다. 결국 그는 이스라엘 공동체의 머리였음에도 불구하고 악령의 지배를 받는 존재로 전락하고 말았다. 사울을 붙잡고 있는 것이 모든 사람들의 눈에 '보일 만큼' 그 배후에 있는 사탄에 의해 극심하게 사울은 지배받게 되었다.

고. 집. 불. 통 사울!

02

하나님께 버림받다

하나님이여 내 속에 정한 마음을 창조하시고 내 안에 정직한 영을 새롭게 하소서
나를 주 앞에서 쫓아 내지 마시며 주의 성신을 내게서 거두지 마소서
주의 구원의 즐거움을 내게 회복시키시고 자원하는 심령을 주사 나를 붙드소서

시 51:10-12

한 남자(男子) _주 은총

나는 실연(失戀)당한 한 남자를 알고 있지
그는 '주의 길을 가겠노라' 던
한 여자에게
버림을 받았다네

그는 도무지
그녀를
이해할 수 없었다네

그 남자는
하염없이 차를 몰며 어디론가
정처 없이 방황하였다네
때론 땅 끝에도 가보았지

그는 다짐했네
자신이 출세하면
반드시 그녀가 후회하리라 생각했지

그는 달려갔네
성공을 향해 무한 질주를 하던 그는
마침내 출세했네

그러다
그는 문득 이런 생각이 들었네
그녀가 원하던 삶이 무엇일까?
호기심이 생겼다네
'예수가 과연 누구일까?'
궁금해졌네

이제, 그는 또 다시
예수를 찾으러 길을 떠난다네

여호와의 신에 크게 감동되어

하나님의 백성들에게 가장 놀라운 사실은 인간의 마음속에 하나님의 능력이 주입될 수 있다는 것이다. 그것이 바로 성령의 능력이다. 우리 안에 있는 모든 능력이 최고의 수준으로 확대되기 때문에 우리의 능력이 평소 능력의 수십 배 심지어 수백 배까지 커지게 된다. 그리고 그때의 그 기쁨과 감격이라는 것은 말로 표현할 수가 없다.

성경을 읽다 보면 이렇게 놀라운 구절들이 허다하다. 사사기에 나오는 삼손 역시 길을 가다가 사자를 만났다. Oh, my God! 그런데 세상에나. 여호와의 신에 크게 감동이 된 삼손은 손에 아무 것도 없는 맨손으로 그 사자를 염소새끼 찢음같이 찢어 버렸다. 그런데 성경은 말하기를 삼손이 사자를 죽인 것은 "여호와의 신에 크게 감동이 되었다"고 말한다. 사자를 이긴 힘은 삼손에게 있는 것이 아니고 여호와의 신 즉, 성령의 힘이다.

사무엘상 17장 34절에 "다윗이 사울에게 고하되 주의 종이 아비의 양을 지킬 때에 사자나 곰이 와서 양떼에서 새끼를 움키면 내가 따라가서 그것을 치고 그 입에서 새끼를 건져내었고 그것이 일어나 나를 해하고자 하면 내가 그 수염을 잡고 그것을 쳐 죽였나이다." 하는 골리앗과 싸울 때에 다윗이 사울 왕에게 고백하는 말이 있다.

아, 이 얼마나 놀라운 말인가? 누구는 밤에 도둑만 들어도 놀라는데 다윗은 '사자의 수염을 잡고 그것을 쳐 죽였다'는 것이다.

다윗은 "나를 사자의 발톱과 곰의 발톱에서 건져내었은즉 나를 이 블레셋 사람의 손에서도 건져내시리이다." 하는 자신의 체험을 고백했다. 이처럼 모든 사람이 골리앗 앞에서 벌벌 떨 때 다윗은 전혀 겁먹지 않고 용감할 수 있었다. 왜 그랬을까? 그것은 다윗이 하나님과 함께 함을 직접 체험했기 때문이다. 하나님의 신이 함께 하시면 놀라운 성령의 역사들이 일어난다.

성령이 우리 안에 가득할 때, 나타나는 마음의 변화는 '기쁨'이다. 감옥에서도 희망이 보이지 않는 상황에서도 하늘로부터 임하는 성령의 즐거움이 샘솟는다. 성령이 함께 하시면 가난함 속에도 가난한 줄 모른다. 물질의 고통을 초월하는 기쁨이 있기 때문이다. 오히려 고난을 당하면 당할수록 주를 더 의지하게 된다. 사도행전에 제자들의 신기한 반응이 나온다.

"사도들은 그 이름을 위하여 능욕 받는 일에 합당한 자로 여기심을 기뻐하면서 공회 앞을 떠나니라 저희가 날마다 성전에 있든지 집에 있든지 예수는 그리스도라 가르치기와 전도하기를 쉬지 아니하니라"_행 5:41-42

사도들은 복음을 전파한 것 때문에 채찍을 맞았다. 그런데 그들은 그것을 억울하게 생각하거나 원통하게 여기지 않았다. 도리어 예수님의 이름을 위하여 능욕 받는 것을 합당하게 여기고 기뻐하였다. 이처럼 주님이 함께 하시면 그 어디나 '하늘나라'다.

인생에서 가장 민감한 사춘기 시절을 2년씩이나 여관에서 살았다. 가진 것 하나 없이 도착한 인생의 막다른 골목에서, 별별 사연의 사람들과 몸 파는 여자들과 노름꾼이라는 환경이 우리 가족을 기다리고 있었다. 밤이면 담배 연기 자욱한 방에서 시끌벅적한 소리들이 흘러나왔다. 여관주인이 나를 불러 막걸리 심부름을 시키었다. 담요 한 장 깔아놓고, 노름하는 그들을 물끄러미 바라보았다. 정말 기가 막힌 주위 환경이었다. 그러나 하나님의 동행하심은 이런 곳에서도 우리를 '눈동자'처럼 지켜주셨다. 오히려 예수님과 늘 더 가까이 동행하였다. 아마도 인생에 있어서 이 시기는 예수님과의 뜨거운 열애의 시작인지도 모른다.

문득 술과 성령에 관한 재미난 유머가 생각이 난다. 많은 사람들이 아는 약간은 진부한 이야기이다. 술과 성령에 취한 사람들의 공통점을 몇 가지를 꼽아보자면 첫째, 많이 마시면 취한다. 술을 많이 마시면 술에 취하고, 성령에 충만하면 성령에 취한다. 둘째, 취하면 용감해진다. 술에 취하면 술기운에 무서울 것이 없고, 성령에 취하면 전능하신 성령의 능력으로 강하고 담대해 진다. 셋째, 취하면 혀 꼬부라지는 소리를 한다. 술에 취하면 혀 꼬부라지는 소리를 하고, 성령에 취하면 방언을 받아 혀 꼬부라지는 소리를 한다. 넷째, 취하면 자기 정신이 아니다. 술 취하면 자기 생각대로 행동하지 못하고, 성령에 취하면 자기 생각은 없어지고 오직 하나님의 생각에 사로잡히게 된다. 다섯째, 취하면 울거나 노래를 한다. 술에 취하면 어떤 이는 울고, 어떤 이는 고성방가를 한다. 성령에 취하면 그냥 눈물이 솟고 모든 것이 감사하고 계속 찬양이 나온다.

정말 우리의 모습이 그랬다. 날마다 성령에 취해 살았다. 늘 찬양과 기도가 끊이지 아니하였고, 하루하루가 즐거웠다. 하나님의 말씀은 나에게 삶의 소망을 주었으며 환상을 주었다. 머릿속에는 길을 걸으면서도 주님의 생각으로 가득 찼다. 여관에서 학교를 다녀도 조금도 부끄럽지가 않았다. 학교 친구들이 "쟤네, 여관에 산대"하고 비웃었고, 친척들조차 "예수 믿는 사람들이 사는 게 왜 그 모양이냐," 하고 머리를 흔들었다. 하지만 그러한 말들이 하나도 마음에 걸리지를 않았다. 오히려 날마다 찬양하며 기가 막힌 이 상황에서 건져 올릴 하나님의 능력을 기대하였다.

어느 날, 학교에서 선생님이 가만히 부르시더니 이렇게 말씀하셨다.

"은총아, 네가 우리 반에서 제일 가난해 생활보호 대상자로 지정하려고 하는데, 어떻게 생각하니? 너, 수업료라도 낼 수 있겠니?"

"선생님, 걱정하지 마세요. 하나님이 우리 아버지신데, 수업료요. 제일 먼저 갖다 낼게요."

지금 생각하면 너무 당돌했나 보다. 그러나 이상하게도, 하나님께서 책임질 것이라는 마음에 알 수 없는 평안함이 가득하였다. 정말로 하나님은 수업료도 제때 책임져 주었을 뿐만 아니라, 소망 없는 여관방에 엄청난 기적들을 몰고 왔다.

세상천지에 감자탕집 교회, 깡통 교회는 들어봤어도 상가 얻을 돈조차 없어 '여관방'에서 교회를 개척하였다는 말을 들어보았는가? 여관방 한 모퉁이에 그려진 십자가. 아니, 비웃음은 그렇다 하더라도, 어쩌면 교회의 명예가 땅에 크게 떨어질지도 모르겠다. 그런데 하나님은 대한민국 땅에서 가진 것 없는 자가 오직 주님만 바라보고 여관방에다 개척을 할 수 있는 담대함을 주셨다.

'유정여관 203호'에서 개척이 시작되었다. 여관방 창문에 외풍을 막으려고 해 놓은 비닐에, 매직으로 교회이름을 적었다. 아마도 원가가 제일 적게 드는 교회간판이지 않나 싶다. 과연 살아남을 수 있을까? 하는 이곳에서 마치 다윗이 그 무서운 사자 수염을 잡고 사자를 쳐 죽였던 것처럼 가난과 절망과 죽음의 사자들이 수염이 뽑힌 채로 죽어가기 시작했다. 얼마나 성령의 힘이 놀라운지, 더러운 환경마저 떠나 가버렸던 것이다. 지금은 대한민국 모든 사람에게 하나님의 능력과 그 위대하심을 자랑하고 싶다.

"여러분, 보십시오! 바로 이곳이 여관에서 시작한 교회요! 겨자씨 하나가 여관에 떨어져 이렇게 아름다운 성전으로 바뀌었소."

하나님의 위대한 손길을 사진이라도 찍어 자랑하고 싶다. 여관에서 시작한 교회에 지금은 500여 평의 아름다운 건물을 주셨고 많은 주의 종들을 뒷바라지 하게 하셨다. 참으로 성령의 역사는 꿈꾸는 것 같았다. 가난한 자에게 소망을 주시고, 죽은 자를 살리시며 없는 것을 있는 것처럼 부르셨다. 기가 막힌 웅덩이에서도 건져내시며 여관방에서도 소망을 이루게 하셨다.

"여호와께서 시온의 포로를 돌리실 때에 우리가 꿈꾸는 것 같았도다" _시 126:1

당신도 "삼손"인가요?

하나님께서 믿는 사람들에게 주시는 가장 큰 고통은 무엇일까? 그것은 '성령의 은혜'를 그에게서 거두어 가시는 것이다. 그러면 그 사람은 아무런 쓸모가 없는 인간이 된다. 왜냐하면 그때부터는 하나님의 능력도 없어질 뿐 아니라 마음의 기쁨과 평안도 모두 다 사라지기 때문에 정신병자처럼 불안해진다. 그래서 하나님의 백성들에게서 성령의 은혜가 거두어지면 아무것도 할 수 없고 다른 사람들에게 도움은커녕 귀찮은 존재가 될 뿐이다.

사울 역시 성령의 능력을 거두어 가셨다. 그랬더니 사울의 마음에서 하나님의 평강이 떠난 것은 물론이고 정신병자처럼 되어서 모든 사람들을 의심하고 미워했다. 그리고 마침내 자살로 마감하는 비참한 인생을 살게 되었다. 구약에서 가장 놀랍고도 슬픈 이야기가 삼손의 이야기이다. 그는 그의 시대에서 단연 돋보이는 사람이었다. 생각해보라. 어떻게 맨손으로 사자를 때려잡고, 나귀턱뼈 하나로 수천 명을 죽일 수 있단 말인가? 그에게는 엄청난 능력과 기회들이 열려 있었지만, 불행하게도 그는 몇 번의 승리를 맛보았을 뿐이다.

"삼손이 잠을 깨며 이르기를 내가 전과 같이 나가서 몸을 떨치리라 하여도 여호와께서 이미 자기를 떠나신 줄을 깨닫지 못하였더라" _삿 16:20

구약에서 이 말씀만큼 슬픈 구절도 없다. 아, 이 일을 어찌할까? 하나님이 떠나가다니. 사람이 애인한테 버림받을 때의 그 충격, 그 슬픔을 못 이겨 심지어 자살하는 사람도 있는데 하물며 하나님께 버림받다니….

오늘날에도, 우리의 마음을 아프게 하는 것 중의 하나가 성령의 능력 가운데 주님을 위해 수고했던 사람들이 이제는 주님께 아무 쓸모없게 된 것이다. 과거의 그들은 하나님의 손에 붙들려 자신의 삶을 구별하여 하나님께 자신의 정욕과 야심은 십자가에 이미 못을 박아 드렸다. '그래, 옛날의 나는 죽었어. 이제 나는 예수로만 사는 거야.' 하는 그들의 '고백'을 하나님은 귀하게 보셨고, 성령과 능력으로 기름을 붓고 그들을 사용하셨다. 그러나 점점 그들의 삶에 들릴라가 나타나 세상이 다시 그들의 마음을 사로잡았고 그들은 세상의 매혹적인 음성에 귀를 기울여 마침내 하나님을 떠나 그들의 몸을 세상에 내어 맡기었다.

힘든 시기가 있었지만 평생을 신앙 안에서 자란 나는, 보통 사람들에 비해 세상물정에 눈이 어두웠다. 그 결과 사람에게 이용당하고 인간에게는 말할 수 없는 고통을 겪으며 누구보다 힘든 삼십대를 지내야 했다.

물질도 날아가고,
건강도 날아가고,
세월도 날아갔다.

그렇게 3년을 지났을까! 건강이 안 좋은 이유도 있었지만 고통을 잊고 삶의 활력을 찾기 위해 운동을 하러 다니기 시작했다. 점차 사람들 속에 파묻히기 시작해 주님의 음성이 둔하게 들리기 시작했다. 건강을 핑계 삼아 힘든 마음을 달래려고, 아니 세상에서 위안을 얻으려고, 점점 운동에 중독되고 사람들에게 빠져들기 시작했다. 그러나 세상으로 부터 위안을 찾을수록 마치 탄산음료를 마신 것처럼 삶은 더 갈증 나고 더 공허했다. 인생에서 전진할 힘을 잃고, 사람 앞에서는 웃고 있었지만 속은 깊은 수렁으로 점점 빠져들고 있었다. 점차적으로 주님과의 교제도 약해지면서 삶을 살아갈 힘도 잃어 가는 것을 발견했다.

그때, 인생에 있어서 영적인 힘이 없으면 살 수가 없음을, 주님 없으면 한 시도 살 수가 없는 미약한 존재라는 것을 다시 한 번 실감했다. 어디선가 내면으로 성령의 음성이 들려왔다.

"은총아, 방 빼라!"
'방빼? 무슨 방을 빼지?'

그 순간 성령님이 주신 느헤미야 13장 말씀을 찾아보니 성전 안까지 사탄의 무리가 파고 들어와 아예 방을 차지하고는 거기서 버젓이 살고 있는 것을 알았다.

"이전에 우리 하나님의 전 골방을 맡은 제사장 엘리아십이 도비야와 연락이 있었으므로 도비야를 위하여 큰 방을 갖추었으니 그 방은 원래 소제물과 유향과 기명과 또 레위 사람들과 노래하는 자들과 문지기들에게 주는 십일조로 주는 곡물과 새 포도주와 기름과 또 제사장들에게 주는 거제물을 두는

곳이라"_느 13:4-5

이 엄청난 일을 저지른 사람은 다름 아닌 제사장 '엘리아십'이었다. 그는 하나님의 전 골방을 관리하는 책임을 맡았지만, 이스라엘의 원수에게 성전의 방을 내주었다. 아, 세상에. 기가 막혀 말이 안 나온다. 이런 일을 일컬어 '고양이에게 생선'을 맡기는 격이라 하지 않을까 싶다. 아마도 '아니, 세상에, 이런 일이.' 하면서 하늘나라 신문에 뉴스 특보로 떴을 것이다.

요즘 나의 방엔 무엇으로 가득 차 있는지 뒤돌아 보게 된다. 지금 내 방의 중심엔 누가 서 계신지 살펴보게 된다. 성령으로 충만하지 아니하고 악한 마귀가 살림을 차려 놓고 있다면 이 얼마나 소름끼치는 일일까?

'주님! 나는 주님의 것입니다. 나의 몸과 영과 혼, 전 소유가 하나님의 성전입니다. 내 에너지의 모든 근원은 오직 주님에게서만 공급받을 수 있습니다.

주님! 나도 모르게 들어와 있는 모든 세속적인 가치관들을 청소하게 하옵소서. 날마다 말씀의 거울에 자신을 비추게 하옵소서. 내 안에 있는 작은 오염 물질 하나라도 그냥 넘기지 않고 능력 있는 주님의 것으로 살게 하옵소서. 내 방의 주인은 오직 주님이십니다.'

하나님은 우리에게 '생명'을 주신다. 우리가 하나님에게서 멀어지는 순간, 우리의 마음속에 '도비야'가 독사처럼 자리 잡을 수 있다. 하나님을 생각하는 마음이 망가지고, 세상에 점점 관심이 있고, 돈이나 자아나 허영심 등이 내 마음의 방을 하나 둘 차지한다면 하나님으로부터 멀어질 수밖에 없다. 죄는 소리 없이 작게 들어오지만 결국 나를 다스리고 지배하여 마침내 나를 끌고 다닌다.

어떤 신학자는 이런 말을 하였다.

"지옥으로 가는 길은 결코 벼랑이 아니다. 지옥을 향한 길은 밋밋한 내리막길이다. 사람들은 그 길을 기분 좋게 걸어간다."

때론, 우리는 자신도 모르게 하나님을 향한 갈망이 무디어진다. 점점 열정이 식어지고 기도의 양이 줄어들고 전도에 생명을 걸어야 할 사람이 다른 일로 인해 바빠진다. 운전하고 있는 남편이 지나가는 아리따운 긴 머리의 처녀에게 한 눈을 팔아 아내의 눈총을 받는 것처럼 어쩌면 우리도 하나님보다 세상이 주는 즐거움이 좋아 '들릴라'만 바라보고 웃고 있지는 않는지.

그래서인지 노년에 이르기까지 주를 향한 뜨거운 열정을 가지고 있는 사람들이 그렇게 부러울 수가 없다. 나이가 들어서도 변함없는 순수함과 그 풋풋함! 그리고 주를 향한 열정. 그렇기에 내 인생의 여정에 불어 닥친 환난과 고난의 파도조차 때론 사랑스럽다. 이 일로 인해 사랑하는 주님을 애타게 부를 수 있다니. 오호라, 나의 영혼을 더욱 깨어나게 하는 구나!

Christian Story

오직 주님만을 갈망합니다

 정실왕비와 많은 후궁을 거느린 임금이 어느 날, 자기가 거느린 여인들이 정말 임금을 사랑하는 건지 아니면 부귀영화를 좋아하는 건지 알고 싶어 그들을 다 한 자리에 불러 모았다. 좀처럼 없던 일이라 어리둥절한 채로 한 자리에 모인 임금의 여인들 앞에 임금이 근심어린 얼굴로 나타났다.

 "이제 내가 나이가 들어 얼마나 더 살지 모르겠구나. 그래서 곰곰이 생각하다 너희 장래를 위해 소원 한 가지씩을 들어주려한다. 내일까지 잘 생각해 오거라." 각자 처소에 돌아온 여인들은 밤새 무슨 소원을 아뢰어야 임금이 없어도 편히 살 수 있을지 생각했다.

 다음 날, 다시 모인 임금의 여인들에게 임금은 물었다. "이제 왕비부터 말해보시오. 내가 무엇을 해주길 원하오?" 그러자 왕비는 "물론 저야 지금의 세자가 왕위에 오르는 것입니다." 라고 했다. 왕은 흔쾌히 이것을 약조했다. 그리고 나이순으로 빈(嬪)들에게도 물었다. 어떤 이는 땅과 집을, 어떤 이는 금은보화를, 어떤 이는 친정식구의 감투를 아뢰었다.
 그런데 맨 마지막에 가장 어린 빈의 순서가 되자, 그녀는 치마에서 큰 보자기 하나를 꺼내더니 "폐하, 저는 다른 아무 것도 필요 없습니다. 폐하가 돌아가신 후의 일은 알고 싶지 않습니다. 지금이 보자기 안에 폐하만 들어오십시오. 저는 오직 폐하 외에는 아무 것도 필요 없습니다." 아뢰었다. 임금은 그제야 웃으며 "그래, 나도 다른 여인들은 필요 없단다. 오직 너 하나면 된단다."라고 했단다.

   마찬가지로, 예수님께 역시 많은 이들이 찾아 왔다. 그들은 예수가 필요한 것이 아니라 예수의 능력만을 기대했다. 부하게 되고, 병 고침을 받고, 능력을 가지게 되는 것이 예수를 믿는 목적은 아니다. 그것은 예수를 모셨기 때문에 더불어 얻어지는 것이지, 그것이 전부가 되어서는 안 된다. 임금을 사랑했기 때문에 부귀를 누리는 것이지, 부귀를 위하여 임금을 택하면 안 된다는 말이다.
   아, 하나님의 사랑이 내게 고인다면, 주의 은혜가 내게 넘친다면 그 이상 무엇을 바라겠는가. 그 은총 안에 무엇인들 없겠으며, 무엇이 부족하겠는가! 내 영혼아, 너는 다른 것을 사모하지 말고 오직 주님만을 갈망하라.

끝이 아름다운 사람

하나님이 붙여 주시는 이번 과제를 통하여 '끝이 아름다운 사람이 되게 하옵소서.' 라는 기도를 올려드렸다. 끝이 갈수록 창대해지는 사람, 처음은 미약하였으나 마지막이 아름다운 사람과 처음은 좋았는데 끝이 좋지 않은 사람들 사이에는 어떤 차이점이 있을까? 그들의 삶 속에 일어난 변화는 무엇 때문일까? 그것은 그들이 하나님을 향한 영적 감각을 잃었느냐 잃지 않았느냐의 차이일 것이다.

끝이 아름다운 사람들은 마지막까지 하나님을 바라다보고 갔던 사람들이다. 반면에 끝이 아쉽게 끝난 사람들은 영적 감각을 잃고 우상을 섬기고 교만을 떤 자들이다. 다시 말하면 초심을 잃은 자와 잃지 않은 자의 차이라는 것이다. 근본적으로 충성하는 일에는 변함이 없어야 하지만 자기 자신도 모르는 사이에 처음 믿을 때 가졌던 그 아름다운 체험들을 잊어버리고 평범한 일로 여기게 되었던 것이다.

밤새워 주님과 이야기해도 모자랐던 시절, 신랑 자랑에 여념이 없었던 그 때 드릴 것이 없어 애태웠던 그 당시는 정말 애틋하고 행복한 시절이었다. 예수 이름만 들어도 눈물이 솟고, 예수의 능력을 사모하여 갈망했으며, 예수의 사랑을 실천하려고 갖은 노력을 다 했다. 그런데 어느 순간부터 그 열정이, 그 사랑이 시들기 시작한 것이다. 처음 사랑을 잃어버렸고 복음의 감격을 잃어 버렸다. 오직 자기 힘으로 하는 의무적인 행위만 남았을 뿐이다.

하나님은 처음 사랑을 잃으면 촛대를 옮겨버린다. 그러면 인생이 별 수 있는가? 그야말로 암흑이 되고 만다. 인생을 다 도적맞고 마는 것이다. 그러므로 인생의 마지막에 크게 웃을 수 있도록 초심을 잃지 말자. 하나님을 사랑하고 그의 계명대로 살며 그 분이 원하시는 삶을 살자. 진정 당신의 끝은 아름다울 것이다.

문득, 내 마음에 감동을 주었던 한 사람의 이야기를 들려주고 싶다. 요셉의원을 이끌어 가고 있는 한 의사의 고백이다. 그는 자신의 전공 분야에서 최고의 권위자이고 교수였다. 그런 그가 교수직을 내 던지고 선택한 길은 놀랍게도 돈 한 푼 낼 수 없는 노숙자와 행려자들을 돌보는 일이었다.

그런 그가 이 일을 시작한지 얼마 안 되었을 때의 일이다. 교도소에서 나와 이곳저곳을 떠돌던 사람이 찾아왔다. 그는 어떻게 하다가 '욱' 하는 바람에 사람을 죽였다 한다. 그로 인해 그는 20년을 교도소에 있다 나왔지만 그를 받아줄 사람이 세상에는 없었다. 그는 그렇게 세상을 떠돌다 병을 얻었는데 알고 보니 폐암이었다. 그런 그에게 원장은 자신이 의사도, 시설장도 아닌 그냥 그와 같은 인간으로서 그에게 대해 주고 싶었다. 그에게 '당신은 이제 더 이상 혼자가 아닙니다.' 라는 걸 느끼게 해 주고 싶었다. 원장은 최선을 다하여 그를 치료하였다. 하지만 그의 몸은 항암치료를 견뎌내지 못했다. 아예 몸을 전혀 움직이지 못하더니 죽어버렸던 것이다. 그 의사는 크게 애곡하며 이렇게 고백하였다.

"제 품에서 그렇게 무기력하게 한 생명을 보냈단 생각에 저도 모르게 울었습니다. 20년을 넘게 대학병원에 있으면서 수없이 많은 죽음을 경험했지만 눈물은 흘리지 않았습니다. 그런데 눈물이 나더군요. 머리를 아주 세게 맞은 것 같았어요. 이곳에서 할 일이 무엇인지 어렴풋이 알 것 같더군요."

한 번은 병원에 하반신을 못 쓰는 행려환자가 실려 왔다. 얼마나 안 씻었는지 몸 전체에서 심한 악취가 났다. 치료를 위해 발과 항문을 반드시 씻겨야 했는데 몸에서 나는 악취 때문에 그는 발과 항문 주위를 씻길 엄두를 내지 못했다. 그때 한 봉사자가 조용히 행려 환자의 옷을 벗기더니 환자의 발에 따뜻한 물을 몇 번 적시었다. 그리고는 그 발에 입을 맞추었다. 그 순간 봉사자 분의 표정에선 더 이상 악취란 없는 것처럼 보이더니 발과 항문 주변까지 깨끗이 씻겨 주었다. 그에게 있어 이 모습은 '가장 성스럽고 아름다운 장면'이었다.

세상사에 바쁘게 살던 그가, 온갖 좋은 지위와 명예를 누려봤던 그가, 이제는 가슴으로 웃는 법을 알았고 세상에 감사할 줄 아는 삶을 찾았다고 한다. 그 사람의 마음 자세가 얼마나 순수한지 마음에 진한 감동의 여운을 받았다. 그렇다. 첫 마음이 죽을 때까지 가는 사람, 정말 끝이 아름다운 사람이다. 나이가 들어도 영혼을 향한 뜨거운 눈물이 있고 감사한 마음이 넘치는 사람, 정말 풍요로운 인생을 사는 사람이다.

02 하나님께 버림받다

03

옛적의
하나님의 일을
추억하다

내가 옛날 곧 이전 해를 생각하였사오며
시 77:5

한 줄기 빛 _주 은총

한 어린 소녀가 있었네
그녀에게 다가오는 모든 것들은
절망과 어두움이었다네

그러던 어느 날,
그녀는 그녀에게 비추는
한 줄기 빛을 보았네

그 빛은
그녀의 곁을 밝게 비추었고
그녀에게 웃음을 주었다네
그녀의 얼굴은 점점 해 같이 빛나게 되었네
그녀 역시 작은 빛이 되어갔네

그 빛은 그녀의 인생이었네
그 빛은 그녀의 생명이었네
그 빛은 그녀의 전부이었네

그 빛은 바로
'예수 그리스도'였다네

따뜻함이 그리운 아이

술 먹고 와서 이유 없이 때리는 아버지는 너무 무서웠고 미웠다. 어느 때인가는 회초리가 부러져 자신의 허리띠를 풀러 죽어라 때렸다. 학교도 안 보내고 가두어놓아 늘 슬픔 속에서 살았다. 자살하고 싶을 때가 한두 번이 아니었다. 밤마다 산을 걷고 걸어 매일 같이 도망가는 꿈만 꾸었다. 그런 아버지는 동네에서 슬금슬금 피하는 그야말로 동네 사람들이 내어 쫓으려고 안달하는 망나니였다.

심지어 자기 마누라가 산골짜기의 어두 캄캄한 방 안에서 아이를 낳으려고 하는 순간조차 술에 취해 잠에서 헤어날 줄 몰랐다. 누구하나 아이를 받아주는 사람 없이 어머니는 혼자서 아이를 낳았다. 아이의 머리는 유달리 커서 나오지 못했고, 어머니는 혼자 아기의 머리를 꺼내려고 발버둥쳤다. 아이와 산모, 자칫 잘못하다 둘 다 죽을 수 있는 아찔한 상황이 계속되었다. 이를 악물고 산모는 자궁으로 자신의 손을 넣어 아기의 머리를 기어코 끄집어내어 혼자서 탯줄을 끊었다.

아기를 낳은 바로 그 다음날, 온 몸과 마음이 아픈 몸뚱이를 끌고 간신히 설거지를 하는 산모의 벌어진 자궁 사이로 깊은 산골의 매서운 바람이 세차게 들어왔다. 그러나 이렇게 살 수는 없었다. 마음의 상처가 너무나 컸다. '미래'라고는 눈곱만큼도 보이지 않았던 어머니는 그렇게 자식을 버리고 깊은 산골 추풍령 골짜기를 무작정 뛰쳐나갔다.

나의 인생은 이렇게 시작되었다. 엄마가 집을 나간 이후로 아버지의 따뜻한 사랑도 어머니의 포근함도 모른 채 그렇게 삶은 시작되었다. 동네 사람들의 '엄마 없는 아이에다 술주정뱅이의 딸'이라는 눈초리와 무시 속에 인생은 원래 그런 것인 줄로만 알았다. 그래도 나의 성격이 삐뚤어지지 않은 것은 할머니의 신앙과 하나님의 은총이었다. 열악한 상황 중에서도 주일학교를 한 번도 빠져본 적이 없다. 교회 가는 것이 그렇게 재미있을 수 없었다. 아직도 교회에서 먹던 떡국이 생각난다. 주일학교에서 주는 노트와 연필, 그리고 성경퀴즈대회 때 받은 크레파스도 큰 즐거움이었다. 크리스마스가 되자 늦은 밤에 집 밖에서 불러주던 성탄축하곡도 영원히 잊을 수 없다. 마치 천사의 노래 같았다. 할머니는 그들을 위해 뻥튀기와 튀밥을 준비해 두셨다. 수십 년이 지났어도, 아직도 주일학교 선생님을 어제 일처럼 기억하고 있다. 다윗과 골리앗이야기를 재미있게 해주시던 선생님, 율동을 무척이나 곱게 잘 하시던 선생님, 나를 위해 기도해 주시던 뒷집 선생님… 첫 사랑의 아련한 아픔처럼 그리워하고 있다.

가정을 돌 볼 줄 모르는 백수건달로 일생을 보내던 술주정뱅이 아버지가 어쩌다 집에 들어오는 날이면 으레 매질을 해대었다. 술을 잔뜩 먹고는 "이 놈의 세상 뒤집어 버려"하며 거침없는 욕설을 퍼부어댔다. 그런데도 생활기록부 가정란에는 항상 우리 집은 '보통의 평범한 가정'이라고 적었다. 정말 평범한 가정인줄 알았다. 다른 아이들의 아버지도 심한 매질에 가정을 돌 볼 줄 모르는 그런 아버지인줄 알았다.

술에 잔뜩 취해 학교에 안 보내겠다고 책이며 문구들을 다 불태우시겠다는, 세상에서 가장 무서운 아버지의 그 얼굴도 생각난다. 나는 아무도 모르게 캄캄한 밤에 슬피 울며 교회에서 주님께 간절히 기도했었다. 교회에 차가운 나무 바닥에 앉아 예수님께 기도하며 혼자서 풍금을 쳤다. 그러던 어느 날 갑자기 교회 집사님이 어디서 망나니 같은 자식이 풍금을 치냐고, 풍금을 칠 수 없게끔 잠가 버리고 교회 문도 잠가 놓으셨다. 그 때는 정말 가슴이 아팠다. 가슴을 칼로 도려내는 것 같았다. 어느 집에 부엌살림이, 숟가락이 몇 개인지 다 알 정도로 산골인지라, 늘 어른들의 무시와 멸시의 눈초리는 어린 아이의 가슴에 깊은 상처가 되었다.

그렇게 나의 마음이 심하게 아팠을 때 사무엘에게 말씀하시던 주님의 음성이 들려왔다.

나는 당시에 혼자 있는 시간들이 많았지만, 홀로 있는 내게 주님은 늘 친구가 되어 주셨다.

"은총아, 울지 마. 네가 울면 나의 마음도 아프단다. 내가 너를 인도할게."

"주님, 이제 중학교도 다니지 못해요. 다른 친구들은 다 학교 다니는데, 나는 산에 나무하러 다녀요."

"아니야, 은총아. 내가 너를 대학교도, 그리고 미국 땅도 밟게 할게."

"네???"

당시에 미국에서 선교사님이 오셔서, 거주하기도 하셨는데 내 생각에 미국은 마치 천당 같았다. 나는 미국인 선교사님에게 영어를 가르쳐 달라고 따라다녔다.

"I love you, I love Jesus"라고 말하는 나를 예뻐했고, 그러면 나는 "바보는 영어로 뭐라고 하는 거예요." 하면서 종종 영어단어를 물어보았다.

주님은 나에게 위로의 말씀을 하지만, 현실은 다르게 펼쳐져 갔다. 하늘이 무너진다는 표현은, 이럴 때 하는 말인 것 같다. 1983년 초가을 새벽 아침 일찍이 방문을 여는 순간 할머니가,

바로 내 눈 앞에서 다 쓸어져 가는 기둥을 붙잡으시며 쓰러지셨다. 사람의 얼굴에 있는 모든 구멍에서, 눈이며, 귀며, 입에서 피를 내뿜으며 쓰러지셨다. 역시 주위에는 아무도 없었다. 그 뒤, 할머니의 똥오줌을 받아내며 할머니를 돌보던 나에게 주위의 어른들은 이제 고아원으로 보내야겠다는 말이 여기저기서 들려오기 시작하였다.

아, 눈물이 폭포수 같이 쏟아졌다. 그 자리에서 털썩 주저앉아 버렸다. 죽고 싶었다. 누구하나 하소연 할 때가 없었다.

"하나님, 어찌하여 나를 버리시나이까?"

잊지 못할 아름다운 만남

내 나이 10살도 채 되기 전부터 나는 기도하는 아이로 자라났다. 매일 저녁 할머니를 따라 교회에 가 기도를 올렸고, 산에 올라가서 '나라를 위한 기도'를 드렸다. 당시엔 뭣도 모르고 따라 하는 기도가 구국제단에서 올려드리던 '구국기도'였던 것이다. 기도하러 험한 산길을 올라갈 때 자주 보던 것이 바로 뱀이다. 획~획 하고 독사가 지나간다. 그러나 뱀도 사람이 위협을 가하지 않으면 알아서 잘도 지나간다.

그렇게 산을 오르면 지금도 잊지 못하는 나의 기도자리가 있다. 10살도 채 되기 전에 습관이 되어 버린 그 기도자리가 눈물이 나도록 보고 싶다. 기도를 하고 하늘을 보면 산골이라 별들이 유달리 반짝거렸다. 차가운 교회 바닥과 산에서 기도를 하니 손과 발에 동상이 생기고 냉이 생겨 할머니가 자부동(방석)을 만들어 주셨다.

이제는 더 이상 '고아원' 밖에 갈 곳이 없다는 생각에 다시 하나님께 기도하러 산으로 올라갔다. 얼마나 간절히 기도했을까? 기도하던 무릎이 아려오기 시작했다. 눈물은 폭포수처럼 뜨겁게 흘러내렸고 등에는 무언지 모를 따뜻한 기운이 감돌았다. 그때 내면에 하나님의 음성이 느껴졌다.

"은총아, 네 아버지가 주의 종이 될 것이고,
네 할머니의 병이 완쾌되어,
아들이 주의 종이 되는 것을 보고 기뻐하리라"

그 해 겨울, 경상도 산골짜기에서 살다가 태어나서 처음으로 '전주'라는 곳으로 오게 되었다. 할머니가 중풍으로 쓰러져 더 이상 돌봐줄 사람이 없는 나를 어른들은 고아원으로 보내려고 하던 찰나에 3살 때 헤어진 어머니를 드디어 만나게 한 것이다.

몇 년에 한 번씩 집에 들어올까 말까하는 아버지가 어디에서 객사客死하셨을까! 늘 걱정하던 아버지가 그날따라 나에게 의견을 물어오셨다. 인생에서 처음 있는 일이었다.

"은총아, 나도 전주에서 같이 살까? 아니면 다른 곳에서 살까?"

 평소의 아버지 행동을 잘 알기 때문에 어린 마음에 걱정이 앞섰지만, 나는 아버지에게 "온 가족이 같이 살았으면 합니다."라고 대답했다.

 경상도 산속 깊이 자리 잡은 그곳은 무척이나 추웠는데 전주에서의 겨울은 무척이나 따스했었다. 밤에는 여치소리, 새소리, 개울소리 대신에 들리는 야밤의 자동차소리가 신기했고, 또 태어나서 처음으로 귤을 먹어 보았다. 나는 그 신비스런 날을 아직도 잊을 수가 없다.

 어머니는 당시에 서울대학교를 나와 교사생활을 하시던 장로님이 세우신 교회에서 전도사로 사역을 하고 있었다. 그 교회에는 목사님들이 여러 차례 오셨으나 매번 몇 개월을 넘기지 못하고 쫓겨났다. 하지만 어머니는 여자 혼자인 전도사님인줄 알고 인건비도 별로 들지 않아 그곳에서 3년을 넘게 전임전도사로 섬기고 있었다. 갈 곳이 없어 고아원에 보내지려는 순간에 어머니가 우리를 거두어들이신 것이다. 처녀 전도사인줄 알았는데 아이에다 더군다나 신앙생활을 제대로 하지 않는 남편까지 데려 왔으니 얼마나 당황하였을까? 안에서 새는 바가지 밖에서도 샌다고, 처녀인 줄 알았던 여자 전도사가 술주정뱅이 남편을 데려왔으니 사람들의 말이 참 많았다. 교회에서는 당황한 기색이 뚜렷했다.

 그러던 어느 주일날 평소에도 폭력이며 욕설을 들이 붙던 아버지가 교회에 와서 성도님들이 있는 가운데서 예배를 마치고 나오는 어머니의 뺨을 다짜고짜 들이 갈겼다. 성도님들이 뭐라고 생각했을까! '자기 남편도 구원시키지도 못하는 주제에 어디서 주의 일을 하냐.'고 생각했을 것이다. 어머니는 3년 동안 사역하시던 그곳에서 퇴직금 50만 원을 받고 쫓겨났다.

그 날 밤 장로님의 바짓가랑이를 부여잡고 쫓아내지 말아달라고 애원하며 처절하게 울부짖는 어머니를 장로님은 매몰차게 거절하셨고, 어머니는 그 날 밤 교회에서 밤새도록 하염없이 우셨다. 세상이 무너지는 것 같은 어머니의 애끓는 기도소리를 들으며 나 역시 이 모든 과정을 지켜보며 아픈 가슴을 부여잡고 밤새 울어야 했다.

거할 처소가 없어 교회 한 모퉁이에서 쪼그리고 생활을 하였는데, 딸린 식구들이 생기자 어찌할 바를 몰라 하셨다. 교회에서 쫓겨나 갈 곳 없는 우리는 아직도 내 주민등록초본에 나와 있는 주소지, 금암동에 있는 허름한 여관에서 2년을 보냈다. 막 사춘기를 맞이한 나는 온갖 술꾼과 노름꾼, 폐결핵환자와 동거하는 사람들이 모여 밤에는 담배 연기 자욱하며 화투와 막걸리로 시끌벅적한, 그렇게 환경이 좋지 않은 그 곳에서 버텨내야 했다.

중학교에 다니는 나는 학용품조차 살 수 없는 궁핍한 생활이었다. 아이들은 수학여행 간다고 들떠 있을 때 가난한 나는 수학여행을 가지 못하는 몇몇의 아이들과 함께 교실에서 자율학습을 하면서 우두커니 창문 넘어 먼 하늘을 쳐다본 수학여행 가는 당일 날이 아직도 기억난다.

나는 매일 하나님께 기도하였다. 그렇게 아버지를 놓고, 생명을 걸고 간절히 기도한 적은 없었던 것 같았다.

"주님, 내 아버지 변화시켜 주세요."

"주님, 내 아버지 꿈속에서라도 주님 만나게 해주세요."

눈물, 콧물 다 흘리며 땀과 진액과 생명을 담아 그렇게 사생결투를 하던 어느 날, 아버지가 서서히 변화되기 시작하였다. 자기가 얼마나 주님 앞에 죄인인가를 알게 되었던 것이다. 하나님 앞에 꿇어 엎드려 회개하고 하나님의 크신 능력으로 거듭난 새 사람이 되었다. 하나님의 능력은 너무나 위대하였다.

아, 사도 바울에게 사람들이 했던 말이 생각이 났다.

"이 사람은 예수 믿는 사람들을 핍박하며 쫓아다니며 못살게 굴던 그 사람이 아니더냐?"

어린 여식을 무엇 하러 '학교에 보내느냐.'며 술 먹고선 꼬투리 잡고 때리고, 어린 나에게 강제로 어머니를 아줌마로 부르라며 새엄마를 맞이하겠다던 아버지! 심지어 어머니가 입고 있던 원피스를 "어느 놈에게 잘 보이려고 이 옷을 입었냐."고 칼로 어머니의 옷을 난도질하셨고, 어쩌다 집에 들어 와서는 할머니가 새 사람이 되라고 하는 말이 듣기 싫어서 할머니와 먹던 밥상을 뒤 엎어 버리고, 평생을 돈 한 번 벌지 않은 '놈팡이'에다 동네에서 쫓아 내려고 서명까지 받았던 사람이 아니던가.

꿈속에서 조차 아버지를 미워하며 차디찬 교회 바닥에 앉아 "저에겐 육신의 아버지는 죽었습니다. 하나님, 당신이 나의 아버지입니다." 라고 울며 지샌 날이 얼마 이런가.

그런데 이런 아버지가. 이런 아버지가 어젯밤 꿈속에 주님이 찾아오셨다며 주님께 무릎 꿇고

"나는 죄인 중에 괴수입니다."

"나는 죄인 중에 괴수입니다."

"상한 갈대를 꺾지 아니하고, 꺼져 가는 등불을 끄지 아니하시는 주님"

이라고 통곡하며 애타게 주님의 이름을 불렀다. 그날 아버지가 고백했던 이 말을 세월이 아무리 흘러도 잊지를 못한다. 아버지는 늘 하나님과 자녀에게 미안한 마음을 가지셨다. 아버지의 통곡소리에 이어 방언으로 뜨겁게 기도하시며 성령 받으신 아버지에게 누가 사람의 성품이 바뀌지 않는다고 그랬던가.

> "그런즉 누구든지 그리스도 안에 있으면 새로운 피조물이라 이전 것은 지나갔으니 보라 새것이 되었도다" _고후 5:17

아버지는 주님을 영접한 뒤 너무나도 달라지셨다. 그렇게 방

랑기 많고 술 좋아하고 담배 좋아하던 그 모든 것들을 배설물처럼 다 끊어내고 3년 내내 두 딸들을 자전거로 학교에 데려다주시며 야간에는 신학을 공부하셨다. 더군다나 더 놀라운 것은 할머니가 중풍에서 완전히 나음을 받았던 것이다. 그래서 우리 가족은 할머니를 전주로 모시고 왔다. 할머니는 한평생 자신의 속을 썩이던 아들이 이제는 어엿한 목회자가 된 것과 자신의 기도가 결코 헛되지 않았음을 본인의 눈으로 지켜보는 축복을 받았다.

아버지는 기나긴 세월, 딸들 앞에서 고개 한 번 들지 못하고 하나님의 사람이 되어, 부드럽고 충성스런 목회자가 되어 16여 년을 섬기다 하나님의 부르심을 받았다. 나는 그러한 모습을 지켜보며 아버지가 하나님을 얼마나 사랑하셨는지를 잔잔히 느낀다. 이제는 하늘나라에서 하나님 품에 안기어 계신 나의 소중한 아버지, 당신을 진정으로 사. 랑. 합. 니. 다.

Christian Inight

중생에서 오는 변화

중생에서 오는 변화가 있다. 우리는 어딘가에 다들 소속되어 있다. 그런데, 이제 그 소속되어 있는 공동체에서 이탈하여 다른 공동체에 속하게 된다. 이것이 바로 교회라는 것이다. 옛날에 친구들과 같이 어울려 다닐 때에는 친구를 잃어버리면 꼭 죽을 것만 같았다. 그러나 이제 중생하고 보니, 세상 친구들은 아무래도 나하고는 인생의 방향이 다르다. 그들과 더 가까이 할 수가 없다. 그래서 그들과의 관계를 끊어 버리고 이제는 예수 안에서 다시 친구를 찾게 된다. 소속이 달라진다. 일반적으로 옛날에는 예수 믿지 않는 사람들과 어울려 지내면서 더불어 술도 마시고 놀러 다니기도 하였는데, 이제는 예수를 믿게 되니, 예전의 친구와는 옛날처럼 어울리지 않게 된다. 옛 친구들, 역시 할 말은 많다. "너 정말 이럴 수 있냐? 너 어떻게 이렇게 의리를 끊을 수 있냐?" 그렇지만 이것이 예수 믿는다는 것이다. 신앙적으로 볼 때에는 하나님 앞에 회개하고 돌아온 것이지만, 세상에서 볼 때에는 배신자였던 것이다. 이런 아픔, 이런 어려움을 감수하지 아니하고는 진정한 의미의 그리스도인이 될 수가 없다.

예수 믿는다는 것은, "예수를 나의 주 그리스도로 영접하고 섬기는 것이다." 이렇게 예수를 나의 주, 나의 왕으로 영접하고 모시면, 그 결과 나의 삶에 여러 가지 변화가 나타난다. 그러므로 예수 믿는다는 것은 다른 말로 표현하면 "가치관의 변화"라고 할 수 있다. 모든 사고가 예수 중심으로 전환되어 오직 예수를 최고의 가치로 알고 예수 제일주의로 사는 것이다. 이제 예수보다 더 귀한 것은 없다. 오직 예수 한 분을 신뢰하고, 예수 안에서 만족하고, 오직 예수만을 자랑하는 것이다.

 진정 당신은 예수를 최고의 가치로 인식하고 있는가? 그렇다면 당신은 예수 때문에 무엇을 잃어버렸는가? 아직 예수로 인하여 잃어버린 것도 없고 버린 것도 없다면, 미안하지만 당신은 아직껏 종교인이지 그리스도인은 아니다. 진정 예수를 믿는다면 이전의 모든 것, 심지어 사고방식, 삶의 패턴, 교제 대상, 취미 그리고 입맛까지 완전히 변하는 것이다. 마실 것 못 마시고, 먹을 것 못 먹고, 쓸 것 못 쓰고, 잘 것 못자고, 갈 데 못 가는 것이다. 이상하게도 사랑하는 사람의 입맛에 나도 따라 간다. 예전에는 그 음식을 좋아하지 않았지만 남편이 그 음식을 좋아하니까 남편을 위해 만들어 주고 어떻게 하다 보니 어느 사이에 그만 나도 모르게 같이 좋아하게 된다. 내가 옛날에 좋아하던 것은 다 잊어버리고, 내가 사랑하는 사람이 좋아하는 것을 나도 좋아하게 된다. 차차 하나씩 고쳐진다. 달라져 간다. 이러면서도 기꺼이 예수를 믿고, 그 예수 때문에 행복해 하는 것이다.

그 어디나 하늘나라

아버지가 주일 예배시간에 어머니를 찾아와 성도들이 보는 앞에서 폭력을 가한 후에 어머니는 교회에서 쫓겨났고, 우리는 오갈 데가 없었다. 그렇게 갈 데가 없는 우리는 유정여관 203호. 그곳에서 2년을 보냈다. 아마, 개척교회를 여관에서 시작한 교회는 우리나라에 없을 것이다. 금암동 KBS 방송국과 금암교회가 놓여 있는 남북로 다리 밑에 여관들이 자리하던 그곳에 유정여관이 있었다.

나는 유정여관에서 6학년과 중 1학년을 보냈다. 태어나서 처음으로 엄마, 아빠랑 같이 그곳도 여관에서 살게 되었다. 하지만 나에게도 엄마가 있고, 거듭난 아빠가 있다는 것이 너무나 행복했다.

그러나 금암동에 사는 같은 반 아이가 내가 여관에 사는 것을 보고 놀렸고 나는 아직도 그 아이의 이름을 기억하고 있다.

"쟤, 여관에 산대~~"

그러나 나는 그런 비웃음이나 조롱거리가 도무지 이해가 되지 않았다.

"비도 안 새는데. 뱀도 없고."

그랬다. 경상도에서 살 때는 영화 '집으로'에 나오는 집보다 더 허름한 집에서 살았다. 흙으로 만든 단칸방에 할머니랑 나 그리고 동생 이렇게 셋이서 누워 잤다. 여름이면 비가 줄줄 새고, 가을에는 겨울 날 땔감을 찾아 산으로 갔다. 부엌에는 시커먼 가마솥 하나가 덩그러니 놓여 있고, 또 집에서도 뱀은 왜 이리 자주 나오던지. 늘 배고픔에 허덕였고, 아프리카 난민처럼 뼈가 앙상하였던 중에 밥을 하루 세끼라도 다 먹는 날이면 부자가 된 날이다. 그러나 하나님은 날마다 일용할 양식으로 채워 주셨다. 산딸기, 버찌, 머루, 다래. 정말 맛있었다. 두릅, 씀바귀, 돌나물, 취나물 등 산나물과 냇가에서 잡은 가재도 맛이기가 막히다. 산에는 토끼가 널려 있고 노루도 있다. 기도하러 그 좁은 산길을 걸어가노라면 뱀이 뚫어지게 쳐다본다. 나도 같이 노려본다. 그러면 뱀도 순간 황당했는지 꾸물꾸물 자리를 비켜 준다. 흙으로 만든 우리 집은 조금씩 무너져 내리기 시작했다. 밤에 잘라치면 집이 무너져 내릴까봐 은근히 걱정 되어 잠을 제대로 이룰 수 없었다. 아니나 다를까 전주로 오고 나서 얼마 안 있어 교회 친구가 우리 집이 무너져 형태가 없어졌고, 그곳엔 풀만 자란다고 전해주었다.

그러니 여관방 한 모퉁이는 얼마나 사치인가? 남부럽지 않았다. 아이들이 놀려 대는 게 이해가 가지 않았다. 초등학교 앨범도 못 샀고 수학여행도 못 갔다. 하지만 가난도 그 행복을 이길 수는 없었다.

여관방 203호는 방이자 교회였다. 갈 곳 없는 우리는 여관방 203호 창문에 비닐을 씌우고, 매직으로 교회 이름을 적었다. 어머니가 섬기시던 교회에서 집사님 한 분이 따라왔다.

양인숙 집사님. 그분은 8개월을 섬기시다 수자원공사에 다니는 남편이 서울로 발령이 나서 떠났다. 하지만 그녀는 6년이 넘도록 십일조를 보내 왔다. 하나님이 붙여 주신 루디아 같은 그분으로 인하여 교회는 존재할 수 있었는지 모른다. 십일조 성도 한 사람, 개척교회에서 참 힘이 된다. 미약하고 볼품없고 초라한 교회를 이름 없이 섬긴 그분의 헌신을 잊지 못한다. 하나님의 말없이 넓고 큰 사랑을 평생도록 전하는 사랑이고 싶다.

청년들이 돌아가며 여관에 와서 예배를 드렸다. 수정이 언니, 주연이 오빠, 경자 언니. 이제는 이름마저 까마득하다. 그리고 얼마 뒤, 현 전북은행 옆 건물을 빌려 이사를 갔다. 우리는 그곳에서 매일 하나님께 예배를 드렸다. 아침과 저녁으로 하나님을 찬양하고, 기도하며 주님과 교제하는 그 기쁨은 하늘의 것을 경험한 사람만이 안다.

하나님의 충격적인 임재

여관에서 나와 잠시 동안 상가를 얻어 교회를 하였다. 하지만, 월세는 밀려만 갔고, 어머니는 쫓겨나면 어디로 가야 할지,

막막해 하셨다. 나는 한 번 기도하면 뜨겁고 간절하게 부르짖는 반면에, 어머니는 여성적이고 부드럽고 온화하셨다. 단상에 오를 적에도 그 분 특유의 부드러운 카리스마 속에 강력한 성령의 임재가 느껴졌다. 그래서 설교는 꼭 소리를 질러야지만 강력함이 나오는 것이 아니라, 부드러운 성령의 임재 가운데 회중을 사로잡는 강한 영적인 기운이 있다는 것을 깨달았다.

뒤에는 애굽 군사, 앞에는 홍해 바다가 가로막고 있어 오갈 수 없는 이스라엘 백성들의 상황처럼 나 역시 그러한 상황에서 홍해가 갈라지기를 모세가 두 손을 든 것처럼 두 손을 들었다.
"하나님, 하나님만이 내 힘이시며, 주님만이 나의 도움이십니다."
얼마나 오랜 시간을 눈물로써 간절하게 부르짖었는지 자그마한 강대상이 흔들거릴 정도였다. 그런데 갑자기 어떤 변화가 감지되었다. 하나님의 뜨거운 성령의 불이 교회 안으로 휘몰아쳤다. 영적인 전율과 지진이 느껴졌다. 하나님은 추상적인 하나님이 아니셨다. 그 분이 직접 가까이 내게로 오셨다. 그 분은 내 피와 더불어 온 몸을 휘감으며, 나의 심장에서 박동하며, 나의 모든 세포와 모든 신경에서 그분의 임재로 인해 전율을 느끼게 하셨다. 평생에 잊지 못할 엄청난 충격이었다. 나의 몸 가운데 하늘로부터 강한 성령의 불이 들어오기 시작하였다. 그 갑작스런 순간에 내 입에서 방언이 터져 나오기 시작하였다.

내 의지가 아니라, 무언가에 이끌린 강력한 힘이 나의 혀를 움직이며 하늘의 것을 경험하게 하셨다. 그때 내 나이 15살이었다. 그때 인간의 인위적 내적치유가 아닌 그 어떠한 것보다 힘 있는 하늘의 힘은 인간의 모든 고통과 마음의 상처를 한 순간에 치유하신다는 것을 깨달았다. 한 순간에 불어 닥친 강력한 성령의 태풍은 나의 마음속에 있었던 고통과 마음의 상처와 불안들을 다 날려버렸다. 아, 그 통쾌함과 개운함이란. 방언이 계속되며 하나님과의 임재가 계속 될수록 나는 한없는 감사의 눈물이 쏟아지기 시작하였다. 그때부터 작은 일 하나에도 하나님의 은혜가 고마워 눈물이 주르륵 흘러내리기 시작하였다. 내가 눈물을 흘릴 때, 하나님이 나의 등에 손을 얹으시며 말씀하셨다. 감당할 수 없는 불의 뜨거움이 다시 한 번 나의 등을 감싸 안았다.

"은총아, 나는 너에게 목숨을 주었는데, 너는 날 위해 무엇을 주겠느냐?"

"네, 주님. 저의 인생을 독신으로 드리겠나이다. '죽으면 죽으리라'고 고백하던 에스더처럼, 내게 주어진 이스라엘을 생명을 걸고 살려내겠나이다."

얼마나 기이한 기쁨과 황홀경이 몰아치던지 마치, 구름 속을 산책하는 것 같았다. 나의 대답을 하나님은 들으시고 흐뭇해하셨다. 내가 태어나기 전에 먼저 그 분이 나를 아셨다는 듯이, 내가 자라온 모든 과정을 지켜보고 있었다는 듯이 그 분은 나를 보시고 기뻐하셨다. 그 귀한 독생자 예수 그리스도까지 아끼지 않고 주셨는데 사랑하는 딸의 소원을 외면하지 않고 들으셨다는 것을 알았다.

'아, 내일이면 신기한 일이 일어나겠구나. 밀린 월세도 가져오고 내가 그토록 원하던 피아노까지 덤으로 주시겠구나.'

하나님의 강한 임재의 체험과 더불어 하늘로부터 강한 성령의 불이 내 몸 안으로 들어오는 신기한 일을 겪은 이후로 이상하게 하나님의 마음이 읽어졌다. 내 영이 깨어 있는 동안에는 그 분이 어떻게 인도할지가 생생하게 느껴졌다. 때로는 환상으로 파노라마처럼 펼쳐지기도 하였다.

그 다음날이 되었다. 수학여행을 가는 아이들처럼 알 수 없는 기대감으로 마음이 들떠 있었다. 학교에서 집으로 걸어오는 길에 하늘로부터 기이한 빛이 내게로 내려왔다. 이 빛은 그냥 빛이 아니었다. 뭐라 형언할 수 없는 대낮보다 더 밝은 빛이었다. 그 빛을 따라 고개를 들어 하늘을 보고 깜짝 놀랐다. 그 곳에는 예수님이 나를 보고 계셨다. 그 감격스런 예수님의 모습을 어떻게 말로 다 표현할까? 웅장함과 아름다움, 빛, 광채와 황홀함, 신비함이 깔린 안개. 인간의 말로 그 모습과 분위기를 무엇이라 표현해야 할지 모르겠다.

그곳에는
사도바울이 다메섹에서 만난 그 주님이.
스데반이 돌에 맞아 죽어갔을 때, 벌떡 일어서셨던 그 주님이.
거기에 계셨다.

나의 주님이 나를 맞아 주셨다. 순간 나도 모르게 기쁨과 반가움의 눈물이 흘러 넘쳤다. 따스한 눈초리로 나를 바라다보시며 미소를 지으시며 말씀하셨다.

"두려워 말라 내가 너와 함께 함이니라 놀라지 말라 나는 네 하나님이 됨이니라 내가 너를 굳세게 하리라 참으로 너를 도와주리라 참으로 나의 의로운 오른손으로 너를 붙들리라" _사 41:10

그때 빛 가운데서 홀연히 나타나셔서 그 분이 내게 주신 말씀은 평생 잊지 못한다. 나는 기대하는 마음을 가지고, 집으로 빨리 뛰어 갔다.

"엄마, 어떻게 됐어? 뭔가 신기한 일이 일어났지?"
"은총아, 군산에 사시는 이름 모를 어떤 장로님께서 중국으로 선교를 가시면서, 월세와 피아노를 놓고 가셨어."

어머니는 기쁨의 눈물을 흘리시며 말씀하셨다.

아, 한순간 입이 다물어 지지 않았다. 단 하루 만에 어찌 이런 일이. 나는 그 분의 실존을 직접 경험하며 충격과 더불어 몸이 떨려왔다. 그리고는 어느새 감격과 기쁨의 눈물이 나의 마음을 행복하게 하였다. 그때 기도 응답으로 받은 피아노를 25년간 가지고 다닌다. 안산에서 개척할 때도 그 피아노를 가지고 갔고, 전주에서 개척할 때에도 가지고 왔다. 그 피아노와 함께 하는 세월동안 피아노를 조율해 주었던 아저씨도 하늘나라로 갔고, 이제는 그의 아들이 피아노를 조율하고 있다.

몰려오는 성령의 역사들

하나님과의 충격적인 만남은 내 인생의 반전이었다. 방언체험은 흔히 하나님의 임재 체험이 따라온다. 하지만 방언 체험 자체가 곧 하나님 임재의 체험은 아니다. 방언은 기본적으로 혀의 체험이다. 자신의 혀를 자신의 뇌가 통제하지 않고 성령이 직접 통제하는 체험이다. 성령이 직접 통제하는 가운데 많은 사람들이, 특히 방언을 체험할 때에는 하나님 임재의 체험을 동시에 한다. 하나님과의 임재를 경험한 이후로 내 인생에 강하게 몰려오는 성령의 역사들이 펼쳐졌다. 정말, 하나님만이 하실 수 있는 엄청난 일들이 '대박 난 영화'처럼 빠르게 전개되었다.

하늘에서 성령의 불이 내 몸속으로 들어온 후, 내게 가까이 오는 사람마다 성령의 불에 전이가 되는 기이한 일들이 일어났다. 내가 성령의 불을 받는 그 현장에서 직접 지켜 본 아버지 역시 성령의 기름부음이 임하였다. 뜨겁고 간절하게 한 번 터진 방언은 도무지 멈추어 지지 않았다. 신기하였다. 아버지의 방언은 중국 언어랑 비슷한 방언이었던 것이다. 나는 중국말처럼 들리는 일명 중국방언으로 인하여 사도행전 2장의 방언을 생각하고 다시금 하나님께 기도하였다.

"하나님, 내게도 영어방언과, 러시아 방언과 각 나라 방언을 주세요."

참, 욕심도 많지. 15살 때 그런 기도를 올려드렸는데 신학교에 들어갈 때까지 각 나라 언어의 방언은 받지 못했다. 하지만 실망하지 않고 매일 주야로 성령님과 동행하였다. 잠자리에 누워도 성령에 취해 천사들이 내 주위를 날아 다니는 것이 보였다. 옆에 누운 동생조차 이렇게 말하였다.

"언니, 천사들이 우리를 보고 웃고 있어. 어머, 아기천사도 날아다니네."

"어, 저기도 봐. 천사다."

"와, 정말, 신기하다. 그치? 정말 예쁘다"

아버지를 시작으로 동생마저 영안의 눈을 뜨게 되었고 방언이 임했다. 그러면서 성령의 불의 역사가 소리 소문 없이 퍼져 나가기 시작했다. 학교만 갔다 오면 사람들이 많게는 하루에 20명 정도가 나를 기다리고 있었다. 매일 그들에게 예언과 신유 기도를 해주었다. 얼마나 사람들이 밀려오는지 먼 지방에서부터 미국에 이르기까지 사람들이 찾아왔다. 각종 병들이 낫고 암이 낫자 병원에서 포기한 환자들이 찾아오기 시작했다. 지금도 잊지 못할 기억 하나가 있다. 학교에서 돌아오는데 어느 때처럼 사람들이 기다리고 있었다. 하지만, 그날은 특별한 날이었다. 세상에나, 죽은 사람을 데리고 온 것이다. 가까이 가서 보니 키가 족히 180cm는 되어 보이고, 이미 시신은 차갑게 굳어 있었다. 손과 발이 얼마나 찬지. 얼굴에 가만히 손을 대어 보았다. 온기가 전혀 없었다. 그런데도 어린나이 인지라 베드로가 죽은 사람을 살렸듯이 '이 까짓 거, 못 살려 내겠어?' 하고 믿음과 오기로 담대하게 손을 얹어 진액이 다 빠져나가도록 부르짖었지만 살아나지는 않았다.

하나님은 다른 방편으로 위로하여 주셨다. 상가에서 교회를 시작한지 1년도 안 되어 '어은골' 대지를 구입하게 하셨다. 얼마나 사람들이 몰려오던지 병이 낫고, 성령의 역사가 일어나 엄청난 물권이 열리기 시작하였던 것이다. 엊그저께 여관에 개척하였던 것 같은데, 상가 월세도 못 내어 쩔쩔 매던 때가 얼마 전이었는데, 엄청난 축복을 쏟아 부어 주신 것이었다. 창세기의 '이삭이 그 해에 축복을 백배나 받았더라.'라는 말이 피부에와 닿았다.

그 뿐만이 아니라 할머니의 병이 완전히 치유함을 받았다. 전주로 오시는 첫날에 우리에게도 '집'이 있다는 사실에 놀라셨다. 또한 아버지가 목사님이 되시어, 아들의 설교하는 모습을 보며 예배시간마다 감격의 눈물을 흘리셨다. 그렇게 하나님의 성령이 강하게 임재하기 시작하면서 수년의 세월이 하루 같이 지나갔다. 금방 5-6년의 세월이 흘러 20대를 눈앞에 둔 것이다. 하지만 사람들은 여전히 기도 받으러 끊임없이 왔다. 그러면서 나는 서서히 지쳐갔다. 점차 사람들을 만나기가 힘들어졌다. 그러자 '교만'하다고 소문이 났는가 보다. 마치 소 뼈다귀 국물 우려내듯이, 수십 년간 간증을 하러 돌아다니는 사람들을 그리 좋아하지 않는다. 처음에는 죽음의 고통가운데서 자신을 살리신 평범하지 않은 그들의 삶을 보며 세상 사람들이 경외와 놀라움을 "어쩜, 그런 인생도 다 있냐고. 도전받았다고, 큰 힘을 받았다고, 용기를 줬다고" 할지 몰라도 자신은 물론 이거니와 그 간증은 어느 덧 퇴색하기 마련이기 때문이다. 그보다 중요한 것은 보이지 않는 사명의 자리에서 묵묵히 자신에게 주어진 것들을 감당하는 일이다.

어린 나이에 일찍 연예인으로 데뷔하여 그들의 누려야 할 10대 시절을 놓치고 20대를 맞이한 그런 기분을 나는 알 수 있다. 어린 연예인의 매니저인 어머니는 아이로 인해 안달이 나 있을지 모르겠다. 나 역시 점차 지쳐갔다. 어머니는 그런 내게 사람들에게 기도를 해주면 용돈을 15만 원을 준다고 하셨다. 하지만 어머니는 말은 그렇게 하셨지만 돈에 관해서는 철저하게 하나님께 드리던 분이라서 단 한 번도 그렇게 큰돈을 주신 적은 사실 없다. 그렇게 나에게도 휴식이 필요할 무렵, 어느 교회 목사님이 간증자리에서 나를 목양실로 불렀다. 목사님의 귀에 사람들로부터 '교만'하다는 이야기가 들어갔는지 그 목사님은 어린 내게 고린도 전서 13장 말씀을 이야기해주셨다.

> "내가 사람의 방언과 천사의 말을 할지라도 사랑이 없으면 소리나는 구리와 울리는 꽹과리가 되고 내가 예언하는 능이 있어 모든 비밀과 모든 지식을 알고 또 산을 옮길만한 모든 믿음이 있을지라도 사랑이 없으면 내가 아무 것도 아니요"_고전 13:1-2

희망이 없는 여관방에 개척한 우리 교회를 살리시기 위해 내게 하늘로부터 강한 성령의 불이 임하게 하시어 성령의 불쏘시개로 사용하셨다는 것을 깨달았다. 하나님을 향해 때가 묻지 아니하고, 순수하고 연약한 영혼 하나를 통해서라도 하나님은 그분의 일을 일으키셨다. 개척과 선교의 현장에 있어서는 성령의 불이 꼭 필요하다. 하나님의 도움은 절대적이다. 방언과 강한 성령의 역사, 하나님의 임재는 죽은 영혼을 깨우며 잃었던 믿음을 되찾게 한다.

이 시기에 교회가 점점 세워져 갈수록 모든 것에는 질서가 필요하다는 것도 일찍이 배우게 되었다. 반찬이 맛있다고 한 가지 반찬만 계속해서 먹으면 영양소를 골고루 공급받을 수 없는 것처럼 은사에 치중하였을 때, 교회는 알게 모르게 건강에 적신호가 올 수 있다는 것을 알았다. 건강을 유지하기 위해서는 영양가 있는 음식을 골고루 섭취하여야 하는 것처럼 교회가 건강하기 위해서는 성령의 은사와 더불어 예배생활, 말씀훈련, 성도 간의 교제, 고난의 훈련, 기도훈련, 전도와 선교 등 갖가지 것들에 균형을 갖추어야 한다. 그런데 특히 방언에 관하여 말하자면 방언은 이중에서 기도에 관한 반찬이고, 방언은 신자의 기도의 영역에 있어서 단순히 이성을 사용하는 것을 넘어 성령께서 혀를 직접 통제해서 하나님의 마음에 합하여 기도하게 도와주는 영양분을 가지고 있다.

04

인생의
위기를
맞다

힘에 지나도록 심한 고생을 받아 살 소망까지 끊어지고
우리 마음에 사형선고를 받은 줄 알았으니 이는 우리로 자기를 의뢰하지 말고
오직 죽은 자를 다시 살리시는 하나님만 의뢰하게 하심이라
고후 1:8-9

너무 늦게 오셨습니다 _주 은총

주님
내 이름 아시죠
'야이로' 입니다

너무 늦게 오셨습니다
내 딸이 죽었습니다
조금 더 일찍 오시지 그랬어요
모든 것이 끝났습니다
이미 죽고 말았거든요
저는 상처투성이만 되었습니다
제 전부이던 딸을 잃었거든요

주님은 웃으며 말씀하십니다
'아무 것도 늦은 게 없단다
나를 만나면
죽은 것이 다시 살아나고
없는 것도 있는 것처럼
이루어진단다

나를 만나면
희망을 가지게 된단다
그 희망이 현실이 되어
너의 영혼에 생명의 꽃이 필거란다'

고통은 너를 삼키지 못한다

우리가 잘 아는 '도스토예프스키'라는 사람 역시 무척이나 불행한 환경에서 살았다. 그는 어렸을 때 자신의 아버지가 살해되는 장면을 목격하게 된다. 어린 마음에 얼마나 큰 충격이었을까! 그 충격도 잠시 그의 마음속 깊은 곳에 숨겨두고 고아로 세상을 헤쳐 나가게 된다. 그리고 청년기에 사회주의적 결사에 가담했다가 체포되어 사형선고를 받게 된다. 그러나 사형집행 직전에 다행히도 황제로부터 그의 천재적, 문학적 재질을 인정받아 특사를 받게 되었다. 그래서 사형은 면했지만 대신 시베리아로 유배되어 4년간 징역을 살게 되었던 것이다. 그야말로 한 청춘은 기가 막히게 고생하였다.

설상가상雪上加霜으로 그가 결혼을 하여 안정을 찾았는가 싶었는데 이게 웬일인가. 그의 아내는 결혼 전에 만나던 남자관계가 정리가 되지 않아 결혼 후에도 여전히 관계를 맺고 있었던 것이다. 그로 인해 그는 정신적으로 이루 말할 수 없는 큰 고통을 받았다. 그러나 그의 아내는 결국 병으로 죽었고 그는 재혼해서 다시 아들을 얻었으나 그의 아들 역시 안타깝게도 병을 앓다 죽고 말았다.

그의 고난은 이것이 끝이 아니다. 도스토예프스키는 자신의 몸에 한평생 간질이라는 병을 지니고 살았다. 이 병은 분명히 육체의 가시였다. 그러나 그는 이 병을 가리켜 '거룩한 병'이라고 불렀다. 이러한 신체적 고통이 자신의 신앙을 굳게 만들었고, 고난으로 점철된 자기 삶의 의미를 높여 주었기 때문이라고 그는 말한다. 그래서 그는 이병에 대해서 오히려 감사했던 것이다. 이렇듯 그는 질병과 고난과 더불어 싸우면서 한평생을 살았다.

그래서 "분신"이라는 작품과 "백야" 등의 작품에서 그는 불행한 사람들의 심리를 섬세하게 묘사할 수 있었다. 그것은 바로 자신의 경험이었기 때문이다. 그 후 1866년에 "죄와 벌"을 1880년에 "카라마조프의 형제들"과 같은 불후의 명작을 남기게 되었다. 마침내 그는 톨스토이와 함께 19세기 러시아 문학을 대표하는 세계적인 문호가 되었다. 그는 이렇게 남다른 고통이 있었기 때문에 남다른 창작을 할 수 있었던 것이다.

고통은 우리를 삼키지 못한다. 숨이 막히는 이러한 고통을 이기고 난 뒤에는 오히려 우리의 감성이 풍부해지고, 남의 고통을 더 잘 이해할 수 있는 마음이 자란다. 더군다나 고통을 통하여 우리의 영적감각이 살아나고, 기도의 능력이 살아나고 하나님을 향한 간절함이 살아난다.

나는 보통 사람에 비해 조금 부지런한 편에 속한다. 하나님이 나를 붙잡아 주시기 때문에 더욱 그렇다. 새벽 4시부터 일어나 눈이 고통스러워도, 허리가 아파도, 몸이 아파도 부지런히 움직인다. 내 몸이 움직일 수 있으면 그것으로 감사하며 하루를 행복하게 시작한다.

분명히 낙담하고 쓰러질 상황에서, 오뚝이처럼 일어나 생활을 하니 성도들이 가까이에서 위로를 많이 받는다. 가난하면 병원도 제대로 못 가니 아프면 큰일이다. 몸이 재산이기 때문에 더욱 그렇다. 그래서 성도들에게 자식들을 비롯하여 주위 사람들에게 피해가 가지 않도록 열심히 살다가 "기도를 하거나 아니면 잠을 자다가 병치레 하지 말고 곱게 갑시다." 라고 말하면 나이 드신 분들이 왜 이렇게 좋아하는지. 마치 뽀빠이가 시금치를 먹은 듯 다시 한 번 굳게 마음가짐을 하고는 부지런히 움직이는 성도들이 고마울 따름이다.

어느 신학교로 갈까?

"하나님, 서른 이전에는 공부를, 서른 살이 되었을 때는 신학을 하겠습니다."라고 주님께 아뢰었다. 20대의 나는 하나님을 사랑하고, 기도생활은 있었지만 마음의 중심은 세상 공부에 있었다. 그 시절 우선순위는 하나님이 제 1순위가 아니었다. 매일 도서관에서 공부를 하며 20대를 보냈다. 그러나 하나님이 함께하지 않는 일에는 열매가 없음을 20대를 보내고야 알았다. 그 시절에는 하나님을 어느 정도 제쳐놓고 내 자의대로, 내 욕심대로 달려갔다. 서울에서 공부를 하면서 자신의 실력과는 상관없이 자신들의 목표에 올인하며 낭떠러지로 달려가는 수많은 젊은이들을 보았다. 일명 '고시낭인'이라고 해야 하나. 직장생활을 해야 할 나이에, 결혼할 시기까지 놓쳐 가면서 그들은 그렇게 점점 벼랑으로 몰리고 있었다. 자신들의 시각에 갇혀 다른 것을 보지 못하는 그들에게 연민을 느낀다. 내가 그랬으니까. 이것 아니면 죽는 줄 알았다. 그러나 그 시기를 지나니 정말 내가 원하는 것, 내가 하고 싶은 것, 내가 죽도록 좋아하는 사명이 눈에 들어왔다. 하나님은 '은총아, 그 길이 아니야'라고 하였지만 나는 내 주장을 굽히지 않았다. 결국은 내 고집으로 인하여 요통을 8년간이나 앓았고 마침내 그 분께 항복하였다.

처음에 장로교에 속한 신학교를 들어갔다. 왜냐하면 수줍어하고 내성적이며 공부를 좋아 하는 나의 성격과 장로교 신앙이 잘 맞았다. 내면의 또 다른 나는 성령의 뜨거움과 역동적인 사역을 사모하고 있었지만, 그 길을 걷는 데 있어서는 핍박도 많았다. 신학교를 다니면서 하나님이 내게 원하시는 사역은 개척자로서의 사명인데 '어떻게 해야 하지?' 그런 고민을 안고 인생에서 처음으로 서울에 있는 S 순복음교회의 금요철야에 참석하였다. 나는 이제껏 그렇게 많은 사람들이 금요일에 나와 방언으로 뜨겁게 기도하는 모습을 처음 보았다. 한마디로 성령의 대축제 같았다. 다른 사람들은 기도하느라 정신이 없었지만 나는 그날 구경하느라 정신없었고 기도를 거의 못했다. 꼭 이상한 나라에 온 '엘리스' 같았다. 눈을 동그랗게 뜨고 이 사람, 저 사람 기도하는 모습을 구경만 하였다. 나의 심령이 '뻥'하고 뚫렸다. 그렇구나. 성령사역은 부끄러운 것이 아니구나. 저렇게 많은 사람들이 하나님을 찾다니! 다시 한 번 내 영혼의 뜨거움을 찾았다. 그리고 그 길로 과감하게 한세대로 들어갔다.

고난 속에 꿈을 키워라

아버지가 하나님의 품에 안기셨다. 마음이 이상하게 평온하였다. 사람이 죽으면 각 사람마다 느낌이 다 다르다. 그런데 아버지의 죽음은 평안으로 내게 다가왔다. 이 땅에서 한 알의 밀알이 되어 묵묵히 죽어지시며 고생만 하시다가 예수님의 위로를 받을 생각을 하니 마음에 평안이 왔다. 나의 마음에 상처가 없음을, 존경받는 아버지로 기억됨을 감사드렸다. 아버지는 하나님께 가셨지만 교회에서는 성전을 건축할 시기가 다가 왔다. 주야로 기도하며, 헌 옷과 빈병과 폐품을 모았다. 온 성도들이 하나가 되어 있는 힘을 다하여 성전을 지었다. 그렇게 온 수고를 다할 때 어머니가 쓰러졌다. 교회 마당에 서 있는데 갑자기 밑에서부터 피가 올라오는 것이 느껴져 순간적으로 자세를 낮추었는데 눈에서 피가 콸콸 터졌다. 의사는 다행이라고 하였다. 뇌에서 터졌으면 뇌출혈로 인하여 큰 일이 날것을 눈에서 터져 그나마 다행이라는 것이다. 나는 경기도에서 전주까지 매주 왔다 갔다 하였다. 차 주행기록을 보니 10만 Km이상을 탔다. 매주 가서 주일예배를 인도하였다. 성도들이 그렇게 좋아하며 은혜를 받았다. 말씀이 너무 좋다고, 자신의 영이 깨어난다고 다들 흥에 겨워했다. 나는 겉으로 보기에는 키가 작고 부드럽고 말이 별로 없다. 그런데, 이상하게 단 위에 서면 옷이 흥건히 다 젖고, 어디서부터인지 모를 뜨거운 불이 나를 압도한다. 하나님의 보호하심으로 인하여 이 시기도 무사히 지나 성전이 드디어 완공되었다.

밤늦게 성전에서 주님 앞에 엎드렸다. 그 분과 깊은 교제 속에 갑자기 온 성전이 환하게 밝아오는 것을 강한 빛으로 느꼈다. 고요로 적막한 와중에 세미한 하나님의 음성이 들려왔다.

"은총아"

"네, 주님"

"나는, 널 지금부터 10년간 죽도록 연단할 거란다."

"네??? 또요??"

"사울은 연단 없이 왕이 바로 돼서 무너졌지만, 다윗을 봐

라. 10년이 넘게 죽도록 연단이 된 결과 끝까지 초심을 잃지 않고 아름답게 마감을 했잖니."

정말 그 분의 말씀대로 사망의 음침한 골짜기를 걸으며 그 속에서 하나님을 의지하는 법을 배웠다. 하나님이 없으면 난 아무것도 할 수 없음을 뼈저리게 깨달았다. 주님 없으면 내 생명이 헛되다는 것을 실감하였다. 사명이 얼마나 귀한지를 하루의 삶이 얼마나 소중한지를 그 분이 내게 가르쳐주셨다.

눈물 젖은 빵을 먹어보지 않은 자와는 인생에 대하여 논하지 말라고 했다. 아마 인생의 참맛과 깊이를 모르기 때문일 것이다. 나는 어렸을 적, 추풍령에 가까운 백두대간에 위치한 산 한 모퉁이에서 살았다. 멧돼지가 출몰하고, 토끼와 노루들이 뛰놀고, 산딸기와 다래와 산머루를 즐겼다. 그곳엔 지금도 많은 사람들이 찾아와서 산을 즐긴다. 그런데 인생이 마치 백두대간을 지나는 것과 같지 않을까. 다 올라왔나 싶으면 내려가고, 이제 바닥이구나 하면 오르막이 생기는 것이 끝없이 이어진 산을 타는 심정에 비유된다. 그러나 백두대간을 다 넘도록 품을 팔았다면 다리는 물론 온몸이 무쇠처럼 단련되어 무엇이 두려울까?

사람은 누구나 꿈을 꾼다. 그러나 꿈을 사려면 대가를 치러야 함을 잊기에 고난 앞에서 좌절하고 실망하고 주저앉는 것이다. 나는 "주님, 제가 성냥팔이 소녀가 되지 않게 해주세요."라고 기도한다. 성냥팔이 소녀는 성냥개비를 그으며 빨갛게 타오르는 불꽃 속에서 온갖 환상을 본다. 첫 번째 성냥은 큰 난로가 되고 이어서 맛있는 음식이 차려진 식탁 그리고 예쁜 크리스마스트리가 나타나는데, 크리스마스의 트리에 달린 불빛은 높은 하늘로 올라가 밝은 별이 되었다. 하지만 추운 밤이 지나고 날이 밝자 소녀는 미소를 띤 채 죽어 있었다. 우리 역시 성냥팔이 소녀처럼 꿈을 꾼다. 자녀들은 예언을 하고 젊은이들은 환상을 본다. 늙은이조차 꿈을 꾼다. 심지어 예언자에게 "내가 너를 사용하리라. 내가 너를 들어 쓰리라. 내가 너를 크게 하리라"라는 말을 들은 사람도 있을 것이다. 그러나 잊지 말아야 할 것은 꿈에 대해서는 피와 땀과 눈물과 심지어 목숨을 내놓는 대가를 치러야 한다는 것이다. 예수님도 꿈의 대가를 치르셨다. 예수님은 예루살렘과 온 유대와 사마리아와 땅 끝까지 하나님의 나라가 이루어지는 꿈을 꾸었다. 예수님은 그 꿈을 위해 상상할 수 없는 혹독한 대가를 치러야 했다. 그는 그 꿈을 위해 채찍에 맞고 벗김을 당하며 조롱과 모욕을 받아야만 했고 심지어 십자가에 달려 손과 발에 못 박힘을 당하였다.

우리도 이제 성냥팔이 소녀가 되지 않기 위해 고난의 대가를 지불하자. 내 고난이 힘들게 느껴질 때마다 주님을 생각하자. 주님을 생각하면 아픔과 고통도 쉬이 아물 것이며 짐이 훨씬 가볍게 느껴질 것이다. 내가 당하는 고난이 어찌 주님의 것과 비교가 될 수 있을까? 인생의 장미가 피기 위해서는 차가운 비도 맞아야 함을 잊지 말자.

보금자리를 치워버리다

하나님은 때론 우리의 '보금자리'를 흩어 버리신다. '따뜻하게' 의지하며, '힘의 근원'이 되었던 모든 것들을 치워버리신다. 그리고 주님만 바라보게 하신다.

"마치 독수리가 그 보금자리를 어지럽게 하며 그 새끼 위에 너풀거리며 그 날개를 펴서 새끼를 받으며 그 날개 위에 그것을 업는 것 같이 여호와께서 홀로 그들을 인도하셨고" _신 32:11-12

한 때 미술을 좋아했고 사진 찍는 것을 즐겨했던 나는 가끔씩 혼자 카메라를 들고 가까운 곳으로 여행을 떠난다. 하루는 혼자 동물원에 갔다. 여기 저기 유심히 관찰하던 중에 약간 웃기는 장면을 보았다. 아니, 세상에 독수리랑 닭이랑 아주 큰 새장에서 같이 키우는 것이었다. 어쩌면 이런 일이 있을까? 얼마나 야생성이 사라졌으면 저렇게 맛있는 닭을 지척에 두고도 잡아먹지 않는 것일까? 그 주 설교가 '주를 위한 야생성을 회복하자.'였다. 마음이 무디어져 어둠과 결혼하여 살지 말고 죄악과 싸워 날마다 저 높은 곳을 향하여 가자는 내용이었다. 동물원에서 본 독수리와 닭을 예화로 들었다. 여기에서 끝났으면 얼마나 다행일까! 그 뒤 우리는 교회에서 동물원으로 야외예배를 가게 되었다. 실컷 구경하다가 다들 한 곳으로 옹기종기 모여 드는 것이었다. 아니나 다를까, 설교시간에 예를 들은 그 독수리와 닭에게 성도들이 신기하다는 듯이 몰려들었다. 그런데 여러 종류의 독수리들이 있는데 내가 본 독수리는 죽은 것만 먹을 줄 아는 독수리였던 것이다. 헉~ 그러니 내가 본 독수리는 살아 있는 닭에게는 눈길 한 번 안 줄 수밖에….

아무튼 성경에 하나님께서 독수리를 예로 들으시는데 독수리는 새끼가 어느 정도 큰 다음에는 하늘을 나는 연습을 시킨다고 한다. 새끼들은 무섭다고 날 생각은 않고 폭신폭신한 둥지 안에만 있으려고 한다. 그렇게 되면 하는 수없이 어미 독수리가 날카로운 발톱으로 보금자리를 어지럽게 흩어버려 둥지에서 떨어뜨린다고 한다. "아이쿠, 나 죽어." 새끼들이 나 죽는다고 야단을 하며 땅에 떨어지다가 땅에 닿기 직전에 비상하여 올라오면 또 다시 밀어내어 떨어뜨리고, 올라오면 또 밀어내는 식으로 훈련을 시킨다.

이런 연단을 반복하는 동안 새끼 독수리는 몸이 날씬해지면서 날개에 힘이 생겨 하늘 높이 날 수 있게 되고, 폭풍이 오면 다른 새들은 들어가 숨지만 새 중의 왕 독수리는 폭풍을 타고 더 힘 있게 하늘 높이 날게 되는 것이다. 하나님은 바로 그의 백성을 이렇게 연단시키며 믿음의 날개, 영혼의 날개에 힘을 더해서 저 높은 곳을 향해 날아오르게 하시는 분이다.

그렇다면 과연 우리가 이러한 시련을 통해 얻게 되는 유익이 무엇일까? 그것은 참으로 하나님만을 의지하게 된다는 것이다.

극심한 실패와 고통과 어려운 문제에 부딪히게 되면 진정으로 하나님을 찾게 되고 간절한 기도로 하나님께 부르짖게 된다.

하나님은 간혹 우리에게 사업의 보금자리, 가정의 보금자리를 흩어 버릴 때가 있고 극심한 고통을 겪게도 하신다. 그리하여 세상의 헛된 것들을 의지하지 않고 오직 참된 진리요, 생명이 되시는 하나님만을 바라보고 의지하게 함으로서 진정 복된 삶이 무엇인가 깨닫게 하신다.

그뿐만이 아니다. 귀한 연단을 통해 믿음이 강건케 하신다. 육신과 마음이 안일해지면 자기도 모르게 신앙생활 또한 나태해지고 이에 영력이 약해지기 쉽다. 오히려 고통과 시련을 겪으면 믿음이 더욱 강인해진다. 독수리가 그 보금자리를 어지럽게 하고 새끼를 높이 업고 올라갔다가 떨어뜨리는 훈련을 자주 시킴으로 폭풍이 와도 문제없는 것처럼 우리 그리스도인 역시 많은 시련과 고통을 겪으면서 심령이 강해지고 굳세어진다.

"내 형제들아 너희가 여러 가지 시험을 만나거든 온전히 기쁘게 여기라 이는 너희 믿음의 시련이 인내를 만들어 내는 줄 너희가 앎이라 인내를 온전히 이루라 이는 너희로 온전하고 구비하여 조금도 부족함이 없게 하려 함이라" _약 1:2-4

가장 가까이에 있는 사람을 조심하라

누가 요셉을 구덩이에 던졌을까? 먼 데 사람들일까? 아니다. 가장 가까운 형제들이다. 때로는 우리의 꿈에 가장 큰 치명타를 주는 사람들이 누군지 아는가? 가장 가까운 사람들이다.

그는 가장 가까운 형제들에게서 버림받았고 가장 가까운 주인에게서 버림받는다. 그것도 충성을 다했던 주인에게서 버림받아 쓰라린 가슴을 움켜잡아야 했다.

나 역시 가장 가까운 어머니와 사촌에 의해 상처를 받았다. 아픈 가슴을 부여잡고 천변 길을 걸으며 울고 또 울었다. 하나님이 왜 그랬을까? 처음에는 분이 나고 이해되지 않았다. 그러나 그것도 잠시 바람에 흔들리는 갈대처럼 내 영혼이 흔들렸지만 하나님께 모든 것을 맡겼다. 살기 위해 하나님께 가까이 갔을 때, 그 분의 의도를 깨달았다. 하나님은 나에게 사람을 의지하지 않는 훈련을 시키셨다는 것을 알았다. 사람은 의지할 대상이 못 된다는 것을 알려주셨고 철저히 하나님만 의지하여 일하는 훈련을 시키셨다.

성령의 불이 하늘로서 임한 이후로 많은 친척들은 물론 형제들까지 예수님을 영접하는 사람들이 늘어갔다. "예수가 밥 먹여 주냐", "예수 믿는 사람들이 사는 게 그게 무엇이냐"라고 혀를 내두르며 조롱하던 이들까지 하나님의 하시는 일에 놀라며 주님 앞에 다 무릎을 꿇었다. 그러면서 차츰 주의 길을 걸어가는 주의 종들이 배출되기 시작하였다. 그중에는 이모가 있었다. 아무도 그녀의 성공을 예측하지 못한 상황에서 놀라운 일이 일어나기 시작한 것은 한 평 남 짓 되는 미용실에서 TV 한 대 놓고 이십여 년의 세월을 보낸 그녀가 소위 세상에서 말하는 성공의 길을 걷기 시작한 것이다. 그녀는 제법 안정적인 '유치원'과 기가 막히게 큰 건물들을 소유하게 되었다. 노회에서조차 인정받는 임역원이 되었으며 주위에서 하나같이 '성공한 목회자'라는 평을 듣게 되었다. 거기에는 그녀의 성격도 한 몫을 했다. 조용히 드러나지 않는 겸손한 성품에 부드러운 카리스마까지 많은 사람들이 그녀를 따르게 하는 데 있어서 중요한 요인으로 자리 잡았다. 하지만 세상에서 말하는 '성공' 이후로 자식들 간에는 오랜 '다툼'이 시작되었다. 이모에게는 아들과 딸 내외가 있는데 교회를 물려받기 위한 치열한 암투가 그들 사이에 시작되었던 것이다. 그러면서 아들 내외가 점점 밀리기 시작하였고 이모와 아들 내외와의 관계도 점점 멀어졌다.

그런데 그 상황에서 기가 막힌 일이 벌어졌다. 이모네 아들 내외가 자신의 어머니와는 등을 지고 나의 어머니를 찾아오기 시작한 것이다. 그들은 나의 어머니를 자신의 어머니라고 불렀다. 그러면서 자신들이 어머니 교회를 물려받은 듯이 행동을 하였다. 그러니 이제는 이모까지 신이 났다. 자기 아들이 자기 언니의 교회를 물려받는다고 생각하니 하늘을 찌를 듯이 기분

이 날아갔다. '자기 딸과 사위는 자신이 세운 교회를 물려주고, 자기 아들은 언니의 교회를 물려받고.'

그들에게 있어 교회를 두고 벌인 은밀한 10여 년의 전쟁이 끝나는 듯하였다. 어머니와 식사를 매번 같이 하는 그들을 보며 난 참 아이러니 했다. 목회의 길을 잘 훈련받다가 '교회를 물려받고 싶습니다.' 하면 그런가 보다 하고 이해를 할 텐데… 이 상황을 어떻게 이해해야 할지 참 난감했다.

그들이 그렇게 행동할 수 있는 이유는 어디에 있을까? 생각하니 그것은 내 어머니의 행동에 문제가 있다는 것을 알았다. 일흔의 나이에도 어머니에게는 '손자'가 없었던 것이다.

나는 아무리 행복하게 보이는 부부가 손을 잡고 걸어가도 이상하게 '부럽다' 하는 마음이 들지 않았다. 오히려 이 세상에서의 가장 큰 행복은 주님과 함께 나의 전 생애가 그 분을 위해 드려질 때였다. 물론, 하나님께서도 사람을 붙잡지 아니하고 그분만을 의지하는 자를 들어 쓰셨지만, 왜 나는 부러워하는 마음이 들지 않을까? 그 원인이 어디에 있을까? 가만히 생각해 보았다.

자녀에게 있어 가장 확실한 교육은 무의식중에 있다. 부모 간에 행복하게 사는 모습을 자녀들에게 자주 보여주어야 한다. 문간에서라도 키스하는 것을 보면 아이들이 저희끼리 "야, 엄마, 아빠 지금…" 이렇게 이야기하지만, 행복하게 사는 부모를 보고 자란 아이들은 대학 졸업하기가 무섭게 시집, 장가를 간다. 부모의 행복한 모습을 보지 못하고 자라난 아이들은 '저렇게 살 바에는 왜 살아야 되나.' 하는 생각이 드는 것이다.

더군다나 어머니가 여성목회자이다 보니 교회에는 상처가 많은 여성들이 찾아왔다. 가정폭력에 시달리는 여성, 남자가 유부남인 줄 모르고 교제하다가 덜컥 아이를 낳고 보니 이미 결혼한 남자라서 울며 찾아왔던 상근이 엄마. 그러고 보니 정말 갖가지 사연을 지닌 여자들의 얼굴이 떠올랐다. 덕분에 나는 남자에 관한 환상을 가지고 있지 않다. 나는 그녀들을 케어 Care하며, 여기에 관해서도 연구를 해보았다. 왜 사람들은 힘들어 하면서도 건강하지 못한 관계에서 벗어나지 못하는 것일까? 왜 같은 유형의 사람들에게 거듭해서 끌리는 것일까? 이것에 관해 여러 가지 이론이 있다.

가장 알려진 것이 'OA Opposite Attract Opposite Attack'이론이다. 이 말은 반대성향은 서로 끌리면서도 부딪힌다는 뜻이다. 우리가 상대방이 내가 없는 성향을 지니고 있을 때 그것을 장점으로 여기고 매력을 느낀다. 하지만 결혼 후에는 장점으로 인식했던 것이 자신이 익숙하게 살아온 생활패턴을 거스르기 때문에 오히려 단점으로 여기게 되는 것이다.

또 다른 '유유상종'이라는 이론도 있다. 이것은 비슷한 생활방식, 성장과정, 학력, 관심사, 꿈을 가진 사람들이 서로에게 끌린다는 것이다. 비판적인 가정에서 자라난 사람은 성인이 되면 의식적으로는 사랑이 많은 사람을 찾는다. 자신은 절대로 비판적인 사람과는 결혼하지 않겠다고 결심한다. 하지만 무의식적으로는 자기도 모르게 비판적인 사람에게 끌려서 결혼하는 경우가 많다. 자신에게 익숙한 것이기 때문이다.

예를 들어 자신의 친정어머니가 무능력한 아버지를 만나 술 시중들랴 생활비 벌랴 평생에 뼈 빠지게 고생만 하다가 세상을 떴는데 가만히 보니 딸 역시 무능력한 남편 밑에서 갖가지 고생만 하다 늙어 가는 자신의 모습을 발견한다. 그리고 딸은 어머니의 무덤을 찾아가 대성통곡을 하였다.

"엄마, 왜 엄마 팔자나, 내 팔자나 이렇게 기구해."

우리는 이렇게 때로는 건강하고 낯선 것보다 비록 병적인 것이라도 익숙한 것을 택하는 경우가 많다. 적어도 익숙한 상황에서는 어떻게 대처하는지 경험으로 알고 있기 때문이다. 이제는 자기 자신을 소중히 여기자. 과거의 익숙한 패턴을 끊고, 과감하게 자기 자신을 여왕처럼 대접해보자. 오프라 윈프리의 말처럼 "여왕이 한번 되 보자!"

뚱뚱하고 평범한 흑인 여성으로 미국인의 사랑을 한 몸에 받고 있는 방송인 오프라 윈프리역시 파란만장한 인생을 살아왔다. 그녀는 미혼모의 딸로 태어나 성폭행을 당하는 등 끊임없는 불행 속에서 자라났다. 하지만 그녀는 자신의 과거를 부끄러워하지 않고 스스로를 특별한 존재로 여기며 당당히 세상에 맞서 성공을 이루어냈다. 그녀는 1993년 스펠먼 여자대학 졸업식에 초청받아 감동적인 연설로 뜨거운 박수를 받았다.

"여러분! 여왕이 되십시오. 용감하게 평범함을 넘어서야 합니다. 개척자가 되십시오. 지도자가 되십시오. 어떤 고통이 닥쳐도 삶을 껴안을 줄 알고, 두려움 없이 도전할 수 있는 사람이 되십시오. 진실을 찾는 사람이 되십시오. 사랑하는 마음으로 자신을 지배하는 사람이 되십시오. 여왕이 되십시오. 부드러운 여자가 되십시오. 계속 새로운 아이디어를 낳고 여자임을 기뻐할 줄 아는 여자가 되십시오. 여러분이 자신의 특별함을 망각해 버린 특징 없는 여자가 되어 시간을 낭비하지 않도록 기도하겠습니다. 우리는 하나님의 딸들입니다. 온 세상 사람들에게 사랑하는 법을 가르쳐 주기 위해 세상에 왔습니다. 과거에 무슨 일을 겪었는지는 아무런 문제가 되지 않습니다. 그런 것은 전혀 상관없습니다. 문제는 여러분이 이 세상에 어떤 사랑을 선택할 것인지, 직장이든, 가정이든 여러분이 세상에 공헌하고자 하는 분야에서 어떻게 그 사랑을 표현할 것인가 하는 것입니다. 여왕이 되십시오. 여러분! 하나님의 사랑 안에서 하나님의 형상으로 자신을 귀하게 여기십시오."

내 인생의 반려자가 되어 주신, "예수님"이 얼마나 고마운 줄 모른다. 예수님과 함께 하는 삶은 나를 당당하게 하고 매 순간이 얼마나 행복한지 모른다. 나에게 "생명"을 주신 주님을 날마다 전하고 싶다. 마치, 우물가에서 예수님을 만난 사마리아

여인처럼.

나를 지탱해주는 것들과의 결별

　오! 이럴 수가. 하나님이 그 따뜻한 보금자리를 치워버리고 나를 벼랑 끝으로 떨어뜨렸다. 아~악, 나도 새끼독수리처럼 죽는다고 비명을 질러댔다. 모든 것이 절망적이고, 큰 충격으로 다가왔다. 다윗 역시 그러지 않았을까? 다윗은 사울 왕을 '장인'으로 맞이하였다. 어쩌면 다윗은 소년시절 사무엘에 의해 "너는 이스라엘의 왕이 되리라"는 예언을 기억하고 "와, 이것이야 말로 하나님의 인도이구나. 내가 왕의 사위가 되다니." 하고 감격했을지도 모르겠다.

　하지만 이게 웬 날벼락일까? 다윗은 사울 왕에 의해 궁궐에서 쫓겨났다. 장인 사울 왕은 다윗의 인생에서 '조력자'가 된 것이 아니라 원수가 되어 끊임없이 다윗을 괴롭혔다. 가장 가까운 이에 의해 다윗은 광야로 내몰렸던 것이다.

　사람은 누구나 사회적으로나 개인적으로 그리고 심리적으로 자신을 지탱시켜 주는 보금자리를 잃어버리면 큰 충격과 고통을 받는다. 삶의 기둥 같은 어떤 대상을 상실했을 때 사람들은 눈앞이 캄캄해지는 절망을 맛본다. 그것이 사랑일 수도 있고, 권력이나 재물일 수도 있으며, 또는 명예나 그 밖에 자신의 중요한 삶의 원동력일 수도 있다. 여하튼 바로 그것을 상실했을 때 사람들은 소망을 잃고 자신의 삶에 중대한 위협을 느끼며 좌절감을 느끼게 된다.

장관까지 지낸 어떤 저명한 정치인 부부가 있었다. 이들은 나이가 들어서도 유별나게 금슬이 좋은 부부였다. 그는 칠십 가까운 나이에 아내가 암으로 사망하자 이 세상 모두를 잃어버린 것 같은 허무감을 느끼고 슬퍼하다가 결국 아내가 세상을 떠난 지 20일 만에 아내의 묘 앞에서 숨지고 말았다. 남편의 마음에 아내의 자리가 너무나 컸기 때문에 아내가 떠나자 지탱할 힘을 잃고 죽고 말았던 것이다.

이처럼 우리는 우리를 사랑하고 지켜주는 사람들과 밀접한 연관을 가지고 있다. 그들 없이 살아가는 삶을 생각하지도 않다가 막상 그들이 떠나 버리면 막막해져 버리는 위기 상태에 빠져들게 된다. 지금까지 정서적으로 일체감을 느끼며 살아온 사람이 우리를 떠나려 한다던가, 실제로 영원히 떠나 버릴 때 인간은 심각한 위기에 직면한다.

살 소망까지 끊어지고

예전에 교회 서재 한 쪽에 조금은 오래된 책이 눈에 띄었다. 이 책의 제목부터가 범상치 않았다. "죽으면 죽으리라" 안이숙

사모님의 이 작품은 책을 읽어 내려가는 첫 날부터 뇌리에 강한 인상을 남긴 한 권의 소중한 책이 되었다. 잠이 안 오는 밤이면 이불을 뒤집어쓰고 읽으며 눈물을 흘리게 만들었고 나의 가슴에 주님을 향한 불을 다시 한 번 뜨겁게 지펴준 책이다. 이 책에 보면 감옥에서 고생을 하신 주기철 목사님의 이야기도 실려 있다. 얼마나 지독하게 고문을 당했던지 인두로 지지고 물을 먹이고 코에다 물을 집어넣고. 이렇게 무지막지하게 괴롭힘을 당할 때 그는 하나님께 울부짖었다.

"아버지! 내 영혼을 어서 거두어 가옵소서. 이렇게 오래가다 가는 제가 순교를 하지 못할까 두렵습니다."

우리도 연단을 받으며 이 단계까지 많이 간다. 지금까지는 고통 중에 살아남았지만 이제는 환난이 너무 심하니 "아, 하나님의 뜻이 여기까지 인가보다. 이제 내 영혼을 부르시는 가보다. 이제 내 생명이 넉넉하오니 데려 가소서." 라는 포기의 기도가 나오게 된다.

고통이라는 것이 잠깐 지나가는 것이면 견딜 수 있다. 그러나 오래도록 줄기차게 같은 고통을 당하면 점점 힘이 약해지고 점점 견딜 수가 없게 된다. 더 이상 견딜 수 없는 한계 상황에 도달하게 되는 것이다. '힘에 지나도록', '살 소망까지 끊어지고', '이제 더 이상은 살 수가 없겠다. 이대로 죽는 가보다.' 라는 의지의 한계에 도달하게 된다.

그 뿐 아니다. 환난을 통하여 '사람을 붙잡는 다는 것이 아무

것도 아니구나, 다 부질 없구나, 싸우고 분쟁하고 잘났느니, 못 났느니 하는 이것이 도대체 무슨 일인가 하는 것을 환난을 통해서 우리는 비로소 깨닫게 된다. 그리고 하나님을 의뢰하는 것으로 방향을 돌리게 된다. 환난으로 인해서 하나님만 의지하는 마음으로 바뀐다.

사도바울 역시 말로 표현할 수 없는 숱한 고생을 하였다. 사도바울이 얼마나 고생을 많이 했는지 '힘에 지나도록'이란 표현을 썼다. 한 마디로 얼마나 견디기 어려울 정도로 당했는지, 차라리 죽고 싶다는 말이다.

그런데 바울은 죽지 않았다. 고린도 교인들에게 편지를 쓰면서 하나님이 우리가 의지할 만한 것들을 다 빼앗아 가고 마음에 사형선고를 받을 때까지 놔두시는 이유는 우리로 자신을 의지하지 말고 오직 죽은 자를 다시 살리시는 하나님만 의지하게 하시려는 것이라고 말한다.

"형제들아 우리가 아시아에서 당한 환난을 너희가 알지 못하기를 원치 아니하노니 힘에 지나도록 심한 고생을 받아 살 소망까지 끊어지고 우리 마음에 사형선고를 받은 줄 알았으니 이는 우리로 자기를 의뢰하지 말고 오직 죽은 자를 다시 살리시는 하나님만 의뢰하게 하심이라" _고후 1:8-9

훌륭한 인물은 어둠속에서 만들어진다

요셉은 형들의 시기를 받아 애굽에 종으로 팔려갔다. 그것도 모자라 억울하게 누명을 쓰고 2년이나 감옥생활을 할 때 과연 누가 하나님의 사랑을 받는 사람이라고 생각할 수가 있었을까? 틀림없이 '하나님께 저주를 받은 사람'이요, '버림받은 사람'으로 밖에 볼 수가 없었다. 세상 막말로 하면 지지리도 재수 없는 사람이었다. 그런데 정말 요셉이 버림받은 사람이었을까? 천만에 말씀이다. 요셉을 향한 하나님의 계획에 관하여 시편 105편 17절에 보면 잘 나타나 있다.

"한 사람을 앞서 보내셨음이여 요셉이 종으로 팔렸도다 그 발이 착고에 상하며 그 몸이 쇠사슬에 매였으니 곧 여호와의 말씀이 응할 때까지라 그 말씀이 저를 단련하였도다" _시 105:17-19

요셉은 여호와의 말씀이 응할 때까지 연단을 받았다. 때가 되었을 때 하나님께서는 요셉을 감옥에서 나오게 하였고 애굽의 모든 주관자가 되게 하였다. 애굽을 무서운 흉년에서 살리게 하셨다. 마침내 요셉의 형제들이 요셉의 발아래 무릎을 꿇고, 절을 하게 만드셨던 것이다.

요셉의 가장 멋있는 점은 고난 중에도 포기하지 않았다는 것이다. 요셉이 당한 고난은 이해할 수 없고 설명할 수 없는 고난이었지만 도리어 요셉은 고난 중에도 계속해서 전진했지 뒤로 후퇴하지 않았다. 감옥에서도 그가 할 수 있는 일이 무엇인지를 찾아서 행했다. 더군다나 요셉은 그를 버린 사람들에게 원한을 품거나 환경 앞에서 좌절하지 않았다. 노예로 팔려 와서 십 년이 넘게 지나면서도 그 마음이 강퍅하거나 완악해지지 않았다. 그 이유는 바로 하나님의 영이 그 안에 살아있었던 사람이었기 때문이다.

하나님께 쓰임 받는 사람은 하나님께서 극한 상황 속에서도 언제나 자신을 극복시켜 주신다는 것을 믿는 사람이며, 이 시련이 하나님께서 나를 훈련하시는 시간이지 나를 망하게 하려는 것이 아니라는 것을 잘 아는 사람이다. 요셉 역시 시련의 신비를 알았기 때문에 시련의 순간에도 낙심하지 않았다. 오히려 하나님을 바라보았다. 시련이 축복이 되는 날이 올 줄로 확신했다. 그 시련을 통해서 위대한 하나님의 사람으로 성장했던 것이다.

하나님이 귀하게 쓰시는 인물들일수록 오래 기다리는 훈련을 받는다. 때론 정말 못 견딜 정도로 절망적이다. 거기다 더 힘들게 하는 것은 주위 사람의 눈초리이다. 저렇게 신실한 사람이 왜 저 모양일까? 나 역시 그랬다. 모든 것이 힘들었다. 사람의 말 한마디조차 내 가슴을 비수로 찌르는 것 같았다. 그 눌린 마음을 매일 같이 눈물로 이겨냈다. 인내와 끊임없는 노력,

참고 견디는 기도로 10년을 보냈다. 그 속에서 하나님 한 분만을 붙잡는 결단이 생겼고 하나님은 이 같은 순수한 신앙을 기뻐하셨다.

Christian Inight

고난과 고독을 통한 연단은 우리를 강하게 한다

　하나님께서 쓰시는 사람은 고난을 담대히 이겨낼 줄 알고, 또한 고독을 즐겨야 한다. 고독을 감당하지 못하는 사람은 지도력을 발휘할 수 없기 때문이다. 성경 속의 모세가 그랬다. 들판에서 그저 절망하고 낙망하며 절대 고독한 세월 40년을 거친 모세는 그 가운데 포기를 배웠다. 모세는 애굽 황실의 모든 부귀영화를 한 번에 빼앗겨 보았다. 이렇게 모세는 많이 빼앗겨 봤기 때문에 지도자로 들어 쓰셨다. 큰 절망, 큰 빼앗김, 큰 부도를 만난 사람은 시시한 것에 놀라지 않는다. 절대 고독을 감당해 본 모세가 이스라엘 백성들이 덤빌 때 눈도 깜빡하지 않았던 저력은 바로 그런 연단과 훈련에서 비롯되었던 것이다. 독일 속담의 말 그대로 "나를 죽이지 않는 한 그것은 나를 더욱 강하게 한다."

04 인생의 위기를 맞다

05
광야에서

네 하나님 여호와께서 이 사십 년 동안에 너로 광야의 길을 걷게 하신 것을 기억하라
이는 너를 낮추시며 너를 시험하사 네 마음이 어떠한지
그 명령을 지키는지 아니 지키는지 알려 하심이라
신 8:2

두 가지 음성 _주 은총

하나님의 영은
나를 광야로 몰아넣었습니다

세상천지에
무슨 이런 데가 다 있나?
라는 생각이 들었습니다

마음은 혼란스러웠습니다
가도 가도 끝도 보이지 않는 길
이젠 지겹습니다
더 이상 버틸 힘도 남아 있지 않습니다

그때, 내면에 두 가지 음성이 들려왔습니다
"너 배고프지?
나쁜 짓 좀 해봐? 그래야지, 너도 먹고 살지
사는 게 고달프지?
높은 데서 그냥 뛰어내려
안 죽는다니까.
이제, 그러지 말고, 나한테 항복해라
네 마음대로 살아봐
내가 살려줄게"

그러자, 또 다른 음성이 말했습니다
"성경도 못 읽었니?
떡이 아니라, 하나님의 말씀으로 사는 거란다
너는 반드시, 최후 승리를 할 거란다
이 시련의 끝에는
천사가 너를 수종을 든단다"

그 순간, 나는
주저 없이, 하나님의 음성을 붙잡았습니다
왜냐하면, 그 분은 나의 아버지니까요

어떤 여자의 이야기

'메리 쿠쉬'라는 여자의 이야기이다. 미국에 경제 대 공황이 찾아왔을 때 남편은 입에 풀칠도 하기 어려울 정도의 급여를 받았다. 그나마도 크고 작은 질병이 끊이지 않아 그 수입마저도 받지 못할 때가 많았고 집세는 세 달치나 밀려 있었다. 메리는 남의 집 삯바느질과 파출부를 하며 연명했으나 다섯이나 되는 아이들과 경제적인 문제로 늘 스트레스를 받아 걱정과 염려가 끊이지 않았다.

하루는 집주인이 아들을 붙들고 와서는 아이가 물건을 훔쳤다고 야단을 쳤다. 아이는 모욕감에 울고만 있었다. 그 아이는 누구보다 정직한 아이였다. 그 순간 메리는 더 참을 수 없었고 그동안 쌓여 왔던 스트레스가 한 순간에 폭발해 버리고 말았다. 미래에 희망이라고는 눈곱만큼도 보이지 않았다. 머리에서 피가 거꾸로 솟는 것 같았다.

다섯 살짜리 막내딸을 데리고 방으로 들어가 종이와 천으로 방의 빈틈을 꼭꼭 틀어막았다. 딸이 물었다. "엄마, 뭐하는 거야?" "응, 여기로 찬바람이 들어와서…" 그리고 가스난로의 가스를 틀었다. 아이를 데리고 침대에 누웠다. 아이가 "조금 전에 일어났는데 또 자" 하고 묻자 "괜찮아! 낮잠이나 자자" 라고 했다.

가스가 새는 소리가 났다. 가스 냄새를 맡으며 서서히 깊은 잠에 빠져드는데 갑자기 음악 소리가 들렸다. 귀를 기울여 들어보니 부엌에 라디오를 끄지 않았던 것이다.

"죄 짐 맡은 우리 구주 어찌 좋은 친군지. 걱정 근심 무거운 짐 우리 주께 맡기세."

찬송을 듣는데 눈물이 걷잡을 수 없을 정도로 마구 흘렀다.

'내가 정말 바보 같은 짓을 하고 있구나. 아이에게도 끔찍한 짓을 하고 있구나.' 하는 생각이 들었다. '이 모든 싸움을 나 혼자 싸우려고 했고 주님께 맡기고 기도해 볼 생각을 하지 않았구나!' 하는 생각에 그녀는 벌떡 일어나 가스를 끄고 문을 열고 창문을 들어올렸다.

그리고 그날 오후 내내 울면서 기도를 하였다. 한참 울면서 기도하다 보니 내게는 심성이 착한 남편이 있고 건강하고 착한 아이가 다섯 명이 있다는 것에 감사가 터져 나왔다. 그 뒤로도 어려운 일은 많이 있었지만 그 때 가스를 틀었던 때를 기억하며 매일 다시 일어났다.

그 후, 메리는 다섯 자녀를 모두 훌륭하게 길러내 지금은 노년에 손자가 열세 명이나 되고 가족 모두 큰 기쁨 중에 주를 섬기는 사람들이 되었다.

일생을 살면서 우리가 통과해야만 하는 것이 바로 광야다. "광야생활"이라는 것은 아무 의지할 데 없고 도와주는 사람없이 쓸쓸하고 거친 환경에 처해지는 것을 말한다. 이 광야생활을 하는 동안에는 이상하게도 주위 사람들이 들짐승과 같은 역할을 하는 경우가 많다. 한마디로 가까운 사람들도 짐승처럼 못 뜯어 먹어 안달이고 잡아먹지 못해 환장이다.

광야, 너 대체 왜 있는 거야?

가까운 이들에 의해서 연이어 '환난'을 당했을 때, 나는 커다란 충격을 받았다. 세상에 이런 땅도 있었나 싶었다. 사람으로서는 살 수 없는 곳, 버림받아 오직 들짐승만 사는 곳, 사람이 쉴 만한 데라고는 찾아 볼 수 없는 곳, 그 척박한 광야가 눈앞에 파노라마처럼 펼쳐지고 있었다.

여자 혼자 개척을 시작하니 별별 일이 다 일어났다. 보통 새벽 4시가 되면 일어나는데 그 날은 보통 때 보다 더 일찍 잠이 깨었다. 왜냐하면 서늘한 기운이 느껴졌기 때문이다. 아니나 다를까 내 방의 창문을 흔들면서 어떤 남자가 침입하려는 것이 보였다. 얼마나 놀랬는지 순간적으로 "주님, 내게 용기를 주소서"라고 기도하고 방의 불을 급히 키며 큰 소리를 질렀다.

"야, 이 새끼야. 여기가 어디라고 감히!"

그러자 그 남자가 놀라서 황급히 후다닥 도망가는 것이 보였다. 그날 몇 안 되는 성도들이 새벽예배를 드리기 위해 5시에 오기까지 놀란 가슴이 진정되지 않았다. 1시간동안 울면서 기도를 한참 하고 있을 때 주님이 다가와 "은총아, 악한 자가 너를 건들지 못하리라."하시며 내게 말씀을 주셨다.

"하나님께로부터 나신 자가 그를 지키시매 악한 자가 그를 만지지도 못하느니라"_요일 5:18

하나님께서 내게 위로의 말씀을 주셨지만 놀란 가슴이 쉽게 가라앉지를 않았다. 그래서 그 날 이후로 잠 잘 적에 2년 가까이 머리맡에 몽둥이를 두고 잠을 잤다. 이 일뿐만이 아니라 구치소에서 나와 소주를 먹고 교회 문을 부수려고 행패를 부리는 사람, 지독할 정도로 괴롭히는 남자스토커, 교회에 남자성도 하나가 오기까지 기가 막힌 일이 많았다.

이렇게 하나님께서 내게 "내가 너를 연단하리라"하고 말씀하신 뒤로 실로 오랫동안 광야는 내 인생의 묵상 주제였다. 나중에 교회에서 성경 그룹을 인도할 때 "광야학교강좌"를 넣을까 하는 생각도 하고 있다.

나뿐만이 아니다. 지금 이 순간에 이 책을 읽고 있는 당신도 어쩌면 죽기보다 힘든 '광야'를 지나고 있는지 모른다.

광야이야기를 하니 문득 한 여자가 떠오른다. 이 여자는 결혼하여 아들만 넷을 두었다. 그런데 남편이 일찍부터 딴 살림을 차리는 바람에 눈물의 인생 고개를 넘어야 했다. 자식들을 먹여 살리기 위해서 막일도 하고 목욕탕에서 일을 하기도 했으며 리어카 행상도 했다. 자식들을 위해서 안 해본 일이 없을 정도였다. 그런데 그것도 부족해서 한 아들을 정신병원으로 보내야 했다. 그러니 얼마나 마음고생이 심했을까? 눈물과 한숨 속에서 살던 이 분이 일을 마치고 자전거로 집에 돌아오는 길에 그만 교통사고를 당했다. 얼마나 심하게 다쳤는지 엉덩이 살을 뜯어서 여기 저기 사고 부위에 이식수술까지 하였다. 그나마 산 게 다행이었다.

왜 이렇게 하나님은 우리를 모질게 자꾸만 '광야'로 몰아넣으시는 걸까? 왜 하나님은 가난의 광야, 병마의 광야, 해도 해도 너무한 광야에서 이렇게 지긋지긋하게 물질 때문에 고통당하고, 몸이 아파서 고통당하고, 인간관계 때문에 고통당하게 하는 것일까?

네 마음이 어떠한지

하나님이 내게 당하게 하신 이 일은 갑자기 길거리를 걷다 낯선 이에게 뺨을 맞은 것처럼 참 황당했다. 교회에는 어느 새 성령의 불이 약해져 갔다. 사촌과 어머니사이의 벌어지는 일련의 일들은 마치 악몽을 꾸는 것은 아닌가 싶었다. 천변을 걸으면서 하염없이 울었다. 도무지 흘러내리는 눈물을 막을 수가 없었다. 평생에 잊혀 지지 않은 날이었다. 일이 일어난 첫 날에는 잠을 못 이루었다. 어느 연예인이 그랬던 것처럼 연탄가스라도 피워 놓고 죽고 싶었다. '나만은 예외일 거야'라고 생각이 드는가? '나는 이러한 행동을 하지 않을 거야'하고 생각하는가? 천만의 말씀이다. 사람은 누구나 위기를 만나면 정상에서 벗어나 '이상 성격'이 되는 경향이 있다. 한 마디로 충동적이고 극단적이 되는 것이다. '논리'는 어디 가고 전혀 '비논리적'인 사람으로 변한다. 그래서 위기를 만난 사람을 대할 때 이전에 알고 있던 정상인으로서 그를 대하면 문제가 발생할 수 있다. 왜냐하면 그는 위기로 인해서 정상적인 반응을 할 수 있는 기능이 약화되었거나 상실해버렸기 때문이다. 그래서 가까운 사람들의 말 한 마디는 큰 힘이 되거나 큰 상처가 된다. 무심코 가볍게 내뱉는 말이지만 인생의 기로에 서 있는 사람에게는 천근만근의 무게를 지니고 있기 때문이다.

그날 그렇게 눈물이 바다를 이룬 후에 주님께 말했다.

"주님, 나 이제 떠날래요. 이 날 이때까지 이렇게 고생만 죽도록 했는데 너무 힘들어요."

막상 '전주'를 떠날 생각을 하니 모아둔 돈 하나 없이 어디로 가야 하나 고민하기 시작했다. '그래, 기도원으로 가야지', 어느 기도원으로 갈까? 생각을 하면서도 한편으로는 '뭘 먹고 살아야 하나' 라는 생각이 들기 시작했다. 하나님 앞에 울기 시작했다.

"주님, 저 이제 어떻게 하면 좋아요?"

"딸아, 내가 너 하나를 못 먹여 살릴 것 같니? 요나에게 박 넝쿨을 보여 주듯, 내가 너의 인생을 책임진다는 한 가지 확신을 보여 주리라"

하나님이 그 날 밤에 나타나셔서 말씀한 그 다음날이 되었다. 난 이 날을 평생 잊지 못할 것이다. 마치 꿈꾸는 것처럼 신기한 일이 진행되었고 난 그 날, 한 사장님을 만나게 되었다. 말로는 뭐라 표현할 수 없을 정도로 신기한 일들이 일어났다.

그 분의 평생의 소원은 성전을 지어 하나님께 바치는 것이었다. 그런데 이 분 말씀에 의하면 웬일인지 여름에 뭔가 쫓기듯 바쁘게 움직이면서 성전건축을 하게 되었다는 것이다. 무언가 강력한 힘이 자기를 이끌었다는 것이다. 실제로 그 현장을 가보니 평택과 안성 중간 지점에 정말 아름다운 새 성전이 이제 막 지어져 가고 있었다. 교회부대시설로 만든 커피숍도 예뻤고 사택도 아름다웠다.

사장님이 갑자기 놀라운 말씀을 내게 하시는 것이었다.

"목사님, 목사님이 이 교회를 맡아하십시오. 아파트와 차도 드리겠습니다. 목사님을 뵙는 순간 제가 찾던 분이라는 걸 깨달았습니다. 이 교회는 목사님 것입니다."

그러면서 이런 말을 덧붙였다.

"우리 부부에게는 외동 딸 하나가 있는데, 외국에서 자라 한국에서는 살 것 같지 않습니다. 저희 부부도 적적한데, 목사님을 가족처럼 여기겠습니다."

아, 이것이 꿈인가, 생시인가. 정말 하룻밤 사이에 꿈같은 일이 일어났다. 이것이 현실이란 것이 믿어지지가 않았다. 침대도, 가전가구도 다 드려 놓을 테니 몸만 오라고 하시는 것이었다. 기뻤다. 더 이상 상처받는 땅, 내게 아픔과 눈물만 주었던 '전주'가 싫었다. 전주를 떠나 다시는 이곳을 돌아보기가 싫었다. 하지만 하나님의 허락이 떨어져야 움직일 수 있었다. 나는 기도의 자리로 나아갔다.

"주님, 말씀 하옵소서. 종이 듣겠나이다."

그런데 이상한 것은 기도하면 할수록 내 마음을 붙잡는 것이 하나 있었다. 얼마 되지 않지만 나의 수치를 위해 기도해주고 같이 고생했던 양들의 얼굴이 밤마다 떠올랐다. 마음이 괴로웠다. 생명을 줘도 아깝지 않은 귀한 양들이었다. 누구보다 신앙이 아름다웠던 나의 면류관. 그들을 뿌리치고 홀로 도망치듯 갈 수가 없었다. 핸드폰에서는 계속해서 사장님 부부의 전화가 10통도 넘게 걸려왔다. 도무지 받을 수가 없었다.

마침내 결단을 내린 후 궁핍한 처지지만 감사헌금 20만 원을 준비해가지고 사장님을 찾아갔다. 사실 이 일로 인하여 한 가지 견고해진 것이 있다.

"아, 하나님은 무슨 일이 있어도 나를 버리지 않는구나."라는 확신이 생긴 것이다. 지금도 그 분이 건네 준 '황금색 명함'을 가지고 있다. 마치 이스라엘 백성들이 법궤에다 '아론의 싹난 지팡이'를 보관하듯이 그 명함을 보관하였다. 그것을 보며 하나님의 약속을 늘 생각한다.

당시 그분은 소방차에 들어가는 부품들을 제조해서 납품하는 업체를 운영하는 사장님이셨다. 택시를 타고 그 분을 찾았지만 사장님은 거래처에 가고 자리에 없었다. 그래서 수위실에다 감사헌금과 편지를 남겨놓고 나왔다.

혈육을 붙잡지 아니하고 온전히 하나님만 의지하게 하신 하나님께 예배를 드리면서 감사의 박수를 올려드렸다. 하나님을 찬양하였다. 그때 가장 많이 부른 찬양은 "이 몸의 소망 무엔가"라는 곡과 "사람을 보며, 세상을 볼 때," "주님만이"라는 복음성가였다.

"우리에게 많고 심한 고난을 보이신 주께서 우리를 다시 살리시며 땅 깊은 곳에서 다시 이끌어 올리시리이다"_시 71:20

하나님이 내게 이 험난한 광야를 걷게 하신 목적이 무엇일까? 그것은 '네 마음이 어떠한지 그 명령을 지키는지 아니 지키는지' 알려 한다고 하였다(신 8장 2절). 사실 인생을 살아가는데 고통과 근심거리가 없는 사람은 없다. 고통은 누구나 예외 없이 당하는 것이다.

육체적인 고통, 정신적인 고통, 경제적인 고통, 여러 가지 고통을 당하면서 살아가게 되는데 문제는 '어떤 고통을 당하느냐'가 아니라 '고통을 당할 때 어떤 반응을 보이느냐' 하는 것이다.

고통을 당할 때 하나님을 원망하거나 남들에게 불평하면서 환경에 좌절하면 그는 '폐인'이 되는 것이다. 고통이 나쁜 것이 아니라 그 고통에 대한 부정적인 반응이 나쁜 것이다. 그러나 고통을 당할 때 긍정적인 반응을 하며 잘 소화시키면 기적이 나타나는 것을 체험하게 된다. 오히려 축복의 기회가 되는 것이다.

"'고난당한 것이 내게 유익이라 이로 인하여 내가 주의 율례를 배우게 되었나이다" _시 119:71

너를 낮추시고 너로 주리게 하시며

광야를 거치면서 더욱더 기도의 사람이 되었다. 하루에 4시간에서 7시간 이상씩 기도하였다. 기도하지 않으면 잠을 잘 때도 공허하고 외로웠다. 겨울에는 난방도 하지 못하고, 전기장판 하나로 겨울을 견디어 냈고, 때론 김치도 없어 김치의 소중함도 알았다. 궁핍도 감사요, 가난도 감사였다. 왜냐하면 살아남기 위해 주님을 매순간마다 간절히 찾았기 때문이다. 이렇게 광야는 기도하는 자가 사는 땅이다. 광야가 우리에게 주는 감동 중의 가장 큰 것은 기도의 감동이다. 누구나 광야에 서면 기도할 수밖에 없다. 누구나 야곱처럼 광야에 서면 외로운 돌베개 기도를 드릴 수밖에 없고 얍복강의 처절한 기도를 드릴 수밖에 없다. 광야는 결핍의 땅이요, 가난과 굶주림의 땅이기 때문이다.

이스라엘 역시 기근을 당했을 때 겸손을 배웠다. 이스라엘은 고센이나 가나안에서 그러한 고통을 당한 것이 아니라 광야에서 기근을 겪어야만 했다. 태양이 작열한 광야에서 아무리 먹을 것을 찾아도 찾을 도리가 없다. 정신적인 절망에 빠지고 궁핍은 도를 더했다. 그러나 그런 상황이 그들에게는 하나님의 기적을 체험하는 기회가 되었다. 그들이 낮아짐으로 인해 하나님을 찾게 된 것이다.

문득 한 남자성도의 이야기가 생각이 난다. 이 사람 역시 자신에게 닥친 어려움을 통하여 하나님의 도우심을 체험하였다.
이 남자는 건설업에 종사하여 늘 세상의 즐거움에 흠뻑 취해 살았다. 사회생활에서는 통이 크고 호방하다는 소리를 듣고 있었지만 정작 자신의 아내에게는 다정하지 못했다. 그런데 이게 웬일일까? 그에게 둘째 아이가 태어났는데 뇌종양에다 눈과 귀의 기능이 작동되지 않는 기형아였던 것이다. 그래도 자식인지라 사랑스러웠는데 세상에나 태어난 지 4개월 만에 숨이 멈춘 것이다. 그 절망 가운데 교회 집사님들이 아내를 붙들고 예수 이름으로 간절히 기도하자 숨이 멈추었던 아이의 호흡이 돌아오는 것이었다. '참, 신기한 기적이다.' 생각하면서도 반신반의한 그였다.

그 후 아내는 하나님께서 아들을 고쳐 주리라는 믿음으로 교회에 열심히 출석했지만 그는 마지못해 차량봉사만 해주었다. 그러던 어느 날 교회 밖에 차를 세워놓고 기다리고 있는데 아무리 기다려도 아내가 나오지를 않았다. 화가 치밀어 아내에게 따질 요량으로 예배실로 들어갔다. 그런데 그는 자신도 모르게 들려오는 목사님의 설교에 은혜를 받기 시작했다. 아, 이상하다. 왜 이렇게 마음이 뜨거울까? 그것이 그가 신앙의 길로 접어들게 된 동기가 되었던 것이다. 이후 그의 아이는 주님의 손길로 인해 병이 나았다.

그렇게 점차 은혜를 받게 되자 이상하게 사업이 재미가 없었다. 접대다 화투다 술맛이 전혀 옛날 맛이 아니었다. 그래서 그는 사업을 정리하고 하나님께 새로운 길을 열어달라고 기도 하였고 하나님께선 그에게 가구 만드는 공장을 할 수 있도록 길을 열어주셨다. 공장을 시작하면서 그는 목사님께 배운 대로 아침마다 공장에 나가서 선포하였다.

"예수 이름으로 공장은 잘 돌아가고 전 세계에서 주문이 몰려오라."

그 기도가 이제 열매를 맺어 주문이 쏟아져 들어와 전 세계를 누비고 있다. 물론 그 사이 많은 고난도 있었고 믿었던 사람에게 사기를 당해 부도가 나기도 했지만 모든 것을 용서하고 하나님께 맡기며 기도함으로 그들이 오히려 주문을 갖다 주기도 하였다.

지난 여름, 홍수가 공장을 덮쳐 기계에 물이 잠길 지경에 이르렀다. 조금만 더 물이 차면 지금까지 일구어 놓은 모든 것들이 그야말로 한순간에 물거품이 되고 말 그대로 위기의 순간이었다. 그런데 오히려 그의 마음은 알지 못하는 감사와 평안이 찾아오며 입술에 찬양이 흘러나왔다. 그는 감사하며 '예수 이름'으로 물이 멈추기를 간구했다. 그러자 정말 기적이 일어나 더 이상 기계에 물이 차지 않는 것이었다. 이 놀라운 체험이 그의 것이 될 수 있었던 것은 신앙생활을 하면서 경험한 일들이 그의 자산이 되어 있었기 때문이다. 그는 하나님이 자기에게 베풀어 주신 은혜를 생각하며 이러한 신앙 고백을 하였다.

"물질의 축복을 주신 것도 감사하지만 환난 중에 아내와 믿음 안에서 친구처럼 되었다는 것이 더 없이 감사할 뿐입니다. 하나님의 은혜로 성가대장의 직분을 맡았습니다. 저의 소망은 이제 하나님 나라에 있습니다. 맡은 직분 잘 감당하여 그 날에 충성된 종으로 칭

찬 받기 원합니다."

광야의 길을 걷게 하시며 낮추실 때 하나님을 찾는 은혜가 있기를 바란다. 찬송가 가사 그대로 "예수 예수 믿는 것은 받은 증거 많도다."라는 간증이 자신의 삶에 있기를 소원한다. 사실 요즘은 평신도들이 과거의 목사님들보다 신학적 지식이 더 많은 경우를 자주 본다. 그러나 체험이 약하다. 이것이 약점이다. 이 약점을 인정하고 하나님께 간구하여야 하는데 오히려 체험적인 신앙의 위험을 강조하고 심지어 불필요성을 내세우고 있다. 그러나 지식을 강조한 유럽교회 특별히 독일 교회를 보라. 하나님의 살아계심을 삶에서 체험하지 못한 성도는 결코 영적 싸움에서 승리할 수가 없다. 체험적 신앙이 없으면 조금만 시험에 들어도 쉽게 교회를 떠난다. 기독교는 이론이 아니라 체험의 신앙이다. 체험이 없이는 믿을 수가 없고 확신이 없다.

마침내 네게 복을 주려하심이라

어떤 분이 이런 간증을 하였다.

"저는 내 남편이 내 것 인 줄 알았습니다. 제 것인 줄 알았는데, 그래서 남편이 선교사로 가겠다는 것을 안 된다고 하였습니다. 내 남편은 내 곁에서 수고하고 봉사하는 존재인 줄 알았습니다. 한 번도 좋은 남편 주신 하나님께 감사하지 못했습니다. 다른 남편과 비교하여 내 남편이 무능하고 성격도 마음에 안 들어서 불평했습니다. 남편이 세상을 떠나고 없는 지금에야, 내 남편은 내 것이 아니고 하나님의 것이라는 것을 깨달았습니다. 내 남편이 구한 것을 이제 알았습니다. 팔, 다리는 당연히 있는 것인 줄 알고 소중한 줄 모르다가 그것을 잃어버리고 난 후에야 그것이 그렇게 소중한 것인 것을 깨달은 것처럼 저도 남편이 하나님 나라에 간 후에야 소중한 것을 알게 되었습니다."

그렇다. 우리가 가지고 있는 모든 것, 건강, 직책, 지위나 돈 전부 하나님이 주신 것이다. 하나님이 도로 거두어 가시면 아무 것도 아니다. 사울은 불행히도 다윗과 같은 험한 연단이 없었기 때문에 '왕의 자리'가 얼마나 귀한지 몰랐다. 사람들에게 인정을 받는 것과 하나님 앞에 인정을 받는 것 중에서 어떤 것이 더 소중한지 몰랐던 것이다. 그래서 하나님께 버림받고 우울증을 앓으며 마침내 자살로 생을 마감하는 비참한 생애를 살았던 것이다.

이에 반하여 다윗은 세상적인 기준으로 볼 때는 불행하기 이를 데 없는 모습이었다. 다윗은 사랑하는 사람들, 심지어 가정조차도 내버려 둔 채 길을 떠나야만 했다. 그것도 도무지 어디로 가야 할지 알 수 없는 상황 속에서 달랑 오늘 먹을 것조차 챙기지 못한 채 급하게 내몰리면서 도피생활을 시작해야만 했다. 다윗은 '빈털터리'로 왕이 되는 약속의 길을 떠났던 것이다.

수많은 사울의 계략들, 사람들의 배신, 힘들고 어려운 시간들, 도저히 헤어 나올 수 없을 것만 같았던 위기의 순간들이 다윗의 잔뼈를 굵게 만들었다. 다윗의 인생은 '약속을 소유하고 있다'는 것 말고는 온통 눈물 젖은 빵으로만 연명되었고 긴장감으로 간담이 녹아드는 일촉즉발의 시간들로 구성되었다. 그리고 그 혹독한 연단과 훈련의 기간을 거쳐 우리가 알고 있는 '다윗'으로 성장했다.

마침내 다윗이 받은 축복은 역사상 그 누구도 따라올 수 없는 어마어마한 것들이 되었다. 부산 수영로 교회의 정필도 목사님의 설교를 듣는 도중 그분은 이러한 말씀을 하였다. "다윗, 그는 역사상 제일 부자이다." 사실이건 아니건 간에 그 정도로 큰 은혜를 입었다.

다윗의 축복이 얼마나 대단하였는가에 관해 나는 몸소 피부로 느끼고 있다. 다윗은 하나님께 헌금만 '1조'가 넘는 것을 드렸다. 1억이 아니다. 100억도 아니고 '1조'다. 나는 매주일 주일 헌금으로 '5만 원'을 작정하여 드리는데 다윗은 이게 뭔 은혜인지. 더군다나 다윗은 뭔 놈의 일군이 이렇게 많은지 역대기에 따르면 다윗은 문지기만 해도 4천 명이다. 여자 혼자 개척을 하니 온갖 이상한 사람들이 다 와서 행패를 부리는데 정말, 나도 교회 수위가 있었으면 좋겠다. 그뿐만이 아니다. 성경에 따르면 다윗은 교회행정을 보는 사람만 2만 명이 넘는다. 어떤 목사님은 혼자 교회 사찰에, 교회심방에, 행정에, 전도에, 몸이 열 개라도 모자라는데…

"그 중의 이만 사천 명은 여호와의 성전의 일을 보살피는 자요 육천 명은 관원과 재판관이요 사천 명은 문지기요 사천 명은 그가 여호와께 찬송을 드리기 위하여 만든 악기로 찬송하는 자들이라" _대상 23:4-5

하나님은 이렇게 다윗만 편애하시는 걸까? 결코 아니다. 하나님은 인생으로 하여금 고생하며 근심하게 하심이 본심이 아니라고 하였다(애 3:23). 그렇다면 하나님은 왜 이렇게 우리를 주리게 하고 낮추시는 것일까? 그 이유는 하나님께서 우리에게 복을 주고 싶어 하신다는 것이다.

"네 열조도 알지 못하던 만나를 광야에서 네게 먹이셨나니 이는 다 너를 낮추시며 너를 시험하사 마침내 네게 복을 주려 하심이었느니라" _신 8:16

신명기 8장에는 우리에게 주실 복이 얼마나 아름다운지 젖과 꿀이 흐르는 그 땅에 관하여 이야기 해 주신다. 아름다운 땅, 골짜기, 산지, 시내와 분천과 샘이 있는 땅, 각종 과일이 풍성하고 각종 자원이 풍성한 땅, 한 마디로 아무 부족함이 없는 땅이라는 것이다. 그런데 거기에 하나님의 노파심이 나온다.

'너희들이 잘 살게 될 때 마음이 교만해져서 여호와를 잊어버릴까봐'(14절), '내 힘으로 이렇게 많은 재물 얻을 능을 얻었다(17절)'라고 잘난 채 할까봐 걱정이라는 것이다. 그래서 모세는 옥토, 아름다운 땅, 부족함이 없는 풍성한 땅에서 감사하며 하나님을 찬송하는 백성을 만들기 위해서 40년을 광야에서 지내게 하였다고 말한다.

가난해 보니 예전에는 그냥 지나치던 것이 얼마나 소중한지 다시금 생각하게 되는 것이다. 겨울에 난방을 제대로 못하니 독거노인들의 심정도 헤아려 보게 되고 추운 날 청소해 주시는 청소부 아저씨의 수고도 다시금 되돌아보게 된다. 작은 것 하나 하나가 귀한 은혜로 다가오는 것이다. 고생은 하지 않고 축복만 바라는 것은 잘못이다. 홀로 서 있게 되고 시련의 사건에 부딪혔을 때 이것이 내게 주신 선물이라는 것을 잊지 말자. 광야 40년은 우리에게 귀한 연단의 시기이다. 겸손을 배우고, 그리스도인으로서 헌신의 삶을 위해 강한 훈련을 받고, 하나님만 붙잡는 훈련을 할 수 있는 귀한 배움의 시간들이다. 이스라엘이 강한 것은 많은 고통을 당했기 때문이고, 이스라엘이 강한 것은 남보다 더 많은 시련을 겪었기 때문이다. 이 시련이란 선물 속에 하나님의 사랑이 있고, 하나님의 지혜가 있고, 하나님에 내게 향한 능력이 있다는 것을 잊지 말자. 지금의 고난은 장차 받을 영광과 족히 비교할 수 없다.

06
하나님의 격려를 듣다

두려워 말라 내가 너와 함께 함이니라
놀라지 말라 나는 네 하나님이 됨이라 내가 너를 굳세게 하리라
참으로 너를 도와주리라 참으로 나의 의로운 오른손으로 너를 붙들리라

사 41:10

나는 너를 사랑해 _주 은총

'나는 너를 사랑한단다.'
나도 가끔은
이 말을 듣고 또 듣고 싶습니다

사랑한다는 말 한 마디는
돈이 들지 않습니다.
하지만
사랑의 위력은 상상 이상입니다

사랑한다는 말 한 마디는
생명도,
기쁨도,
살아갈 에너지도
성취감도 주기 때문입니다

오늘도
나는 당신의 사랑의 고백을 원합니다
오늘도
나는 당신의 진한 포옹을 원합니다

그런 내게
당신은 다가와 나를 가만히 안아 주시며
내 귓가에 속삭입니다

"나는 너를 사.랑.해
나는 너를 천만 번도 더 사.랑.해
너를 위해 내 목숨도 주었는걸."

이젠, 그대여 세상에서 담대하라!

1971년 9월, 영국에서 정주영 현대회장이 테이블을 사이에 두고 갈색머리 신사와 마주 앉았다. 그는 A&P 애플도어사의 롱바톰 회장이었다. 정 회장은 롱바톰 회장에게 "조선소를 지을 돈이 필요하다. 버클레이즈 은행을 움직일 수 있는 방법이 없겠느냐"고 도움을 청하였다.

그러나 롱바톰 회장은 "현 상황에서 한국의 회사가 조선 사업을 한다면 누가 선박을 사줄 것이며, 돈을 갚을 능력과 잠재력을 누가 인정하겠느냐? 조선 사업을 한다는 것은 당신의 환상이다"라고 말하였다.

그러자 정 회장은 주머니에서 지폐 한 장을 꺼내 테이블에 올려놓았다. 그것은 이순신 장군이 만든 거북선이 새겨진 500원짜리 지폐였다. 그는 "당신네 영국의 조선역사가 1800년대부터라고 알고 있는데, 우리는 벌써 1500년대에 철갑선을 만

들어 일본군을 물리쳤소. 다만 쇄국정책으로 인해 산업화가 늦어졌지만 우리는 조선 사업에 대한 아이디어를 가지고 있소."라고 담대하게 말했다.

그랬더니 롱바톰 회장은 버클레이즈 은행에 추천서를 써 주어 차관도입에 숨통을 틔게 해주었고, 그것이 밑받침이 되어 현대조선소가 기공되었던 것이다. 정 회장이 롱바톰 회장의 냉대에 주눅이 들었더라면 차관도입에 실패했을 것이고 '현대조선소'는 이 땅에 존재하지 않았을 것이다. 롱바톰 회장은 그 후 정 회장의 첫 인상에 대해 "그는 굉장히 강하고 담대한 인간이었고, 나는 거기에 매료되었기에 향후 사업 동반자로서의 자신감을 얻었다"고 회고하였다.

정말 기가 막히게 담대하다. 담대함이 무엇일까? 그것은 담력이다. 담력膽力이란 곧 마음의 힘이다. 어렵고 힘든 상황에서 마음을 지키는 힘이다. 그리스도인들이 누구인가? 바로 세상이 감당치 못하는 사람들이다. 더군다나 이 사람들에 관하여 성경은 이렇게 증언한다.

"저희가 믿음으로 나라들을 이기기도 하며 의를 행하기도 하며 약속을 받기도 하며 사자들의 입을 막기도 하며 불의 세력을 멸하기도 하며 칼날을 피하기도 하며 연약한 가운데서 강하게 되기도 하며 전쟁에 용맹되어 이방 사람들의 진을 물리치기도 하며" _히 11:33-34

그런데 이렇게 담대해 질 수 있는 힘의 근원이 어디 있을까? 그것은 바로 '격려'이다. 친구가 친구에게, 아내가 직장을 잃은 남편에게 하는 '따뜻한 말 한마디'이다. 그러나 무엇보다 더 중요한 것은 '하나님의 격려'이다. 하나님의 음성을 들은 사람은 초인적인 힘이 나온다. 죽은 자를 살리시고 없는 것을 있는 것처럼 부르시는 하나님의 기적을 체험한다. 그래서 신앙의 힘이란 무서운 것이다.

그 분은 우리에게 이렇게 말씀하신다.

"두려워 말라… 너는 내 것이라… 물이 너를 침몰치 못할 것이며 네가 불 가운데로 행할 때에 타지도 아니할 것이요 불꽃이 너를 사르지도 못하리니"

_사 43:1-2

고통 중에 있을 때, 한 번은 이런 내 모습을 보고 사탄이 우는 사자처럼 돌아다니며 기분 나쁜 웃음을 짓는 것이 느껴졌다. 그때, 하나님이 내게 다가와 격려하셨다.

"은총아, 낮도 내 것이고, 밤도 내 것이란다(시편 74편 16절). 밤은 안식을 위해서 준거야. 잘 자야 내일 나를 위해 부지런히 일하지. 나는 항상 너랑 같이 있을 거야."

그 뒤로 밤이 좋았다. 아예 습관이 들어버려 밤엔 잠을 푹 잘 자고 새벽 일찍 기도하러 나오는 것이 체질이 되었다.

우리는 어떤 일이 있어도 주님의 음성과 격려를 꼭 들어야 한다. 다윗은 늘 하나님께 물었다. 남아 있을지 자리를 옮길지 또는 전투를 시작할지 아니면 가만히 엎드려 있을지. 심지어 선택의 여지가 없는 상황에서도 다윗은 하나님의 음성듣기를 원했고 그 음성대로 행동했다. 그는 묻고 귀 기울여 들어 자기를 낮춰 순종하는 사람으로 살았던 것이다. 어쩌면 구약성경의 선지자들이나 리더들의 대부분이 목자였다는 것은 결코 우연이 아니다. 즉 그들은 들을 수 있는 충분한 시간을 가진 사람들이었다.

거인공포증을 신앙으로 극복하라

오랫동안 연단을 받으면 자신감이 없어진다. 눈빛도 흐려지고, 어깨에도 힘이 없으며, 사람들 만나는 것에도 주저한다. 나이는 많이 먹었는데 이루어 놓은 것도 없이 세월만 축내고, 다른 사람보다 한참 뒤쳐져 자괴감이 든다. 사람들의 말 한마디에 심장이 '쿵'하고 내려앉는다. 더군다나 보통, 사람은 권력자 앞에서 비굴해지고 비천한 자 앞에서 교만해지기 쉽다. 소위 거인이라고 생각되는 사람들 앞에서는 말도 잘 못하는 경향이 있다.

야곱 역시 사람을 무서워하였다. 형에 대한 공포로 20년을 시달려야 했다. 그는 강자를 두려워했다. 그런데 지금은 바로 앞에서도 당당하게 서 있다. 비록 모습은 남루하지만 용사와 같고 권력자와 같이 서 있다. 아니, 오히려 그에게 축복을 빌어 준다.

"요셉이 자기 아비 야곱을 인도하여 바로 앞에 서게 하니 야곱이 바로에게 축복하매"_창 47:7

축복은 본래 높은 사람이 아래 사람에게 빌어 주는 것이다. 그런데 야곱은 바로를 두려워하지 않고 오히려 그를 축복한다. 야곱은 소위 말하는 거인 공포증을 극복한 사람이다.

무엇이 야곱으로 하여금 이토록 담대한 사람이 되게 했을까? 한때 그렇게 두려워했던 야곱, 소심했던 야곱이 변했던 이유는 무엇일까? 야곱은 험악한 세월을 살아가면서 하나님과 가까이 '동행'하는 법을 배웠던 것이다.

야곱은 혼자서 어려운 광야의 길을 가는 중에 해가 지자 한 곳에서 밤을 지내게 될 때에 어두운 광야에 홀로 서 있는 자신의 모습을 보면서, 게다가 어디에선가 들려오는 맹수의 울음소리와 밤에 찾아온 추위와 공포 그리고 쓸쓸함으로 인해 참으로 착잡한 심정이었을 것이다. 야곱은 이러한 상황에서 돌베개를 하고 잠을 자게 된다. 그런데 하나님께서 사닥다리가 땅에서부터 세워져 하늘에 닿아 있는 놀라운 꿈을 보여 주신다. 사닥다리에는 더군다나 천사가 오르락내리락 하고 있었다.

하나님이 말씀하시기를 "너 누운 땅은 내가 너와 네 자손에게 주겠다."고 말씀하셨다. 이러한 환상과 음성을 들은 야곱은 너무나 좋아서 베개 했던 돌을 기둥으로 세우고 그 위에 기름을 부어 벧엘, 곧 하나님의 집이라는 이름으로 부르게 된다. 바로 거기에서 하나님의 약속과 허락이 이루어진 것이다.

이 체험은 비단 야곱의 것만이 아니다. 예수님이 말씀하시기를 "진실로 진실로 너희에게 이르노니 하늘이 열리고 하나님의 사자들이 인자 위에 오르락내리락 하는 것을 보리라."(요 1:51)고 하셨다.

어려운 날에 내게 보여주었던 천사들을 잊지 못한다. 하늘 문이 열리고, 하늘에서 불이 내려오던 그 순간을, 하나님의 약속의 말씀을 전해 주던 그 감격스런 음성을 죽어도 잊지 못한다.

진심이 하나님께 상달되고 내 어깨를 안아주시는 그 순간에 어쩌면 그렇게 나의 마음을 나의 사정을 잘 아실까! 하는 감격과 기쁨으로 그 동안에 힘들었던 마음의 문이 활짝 열리게 되었다. 그러면서 주관적인 경험에서 끝나는 것이 아니라 정말로 하늘 문이 열리게 된 것이다. 제자들 역시 예수님께서 떡 다섯 개와 물고기 두 마리로 5천 명을 먹이기 위해 축사하시고 떼어 줄 때에 하늘이 열리는 것을 보았다. 나사로를 살리실 때에 보면 예수님께서 "아버지여 내 말을 들으신 것을 감사 하나이다." 하는 기도를 드리신 후에 "나사로야 나오라"고 부르실 때 하늘이 열리는, 한 마디의 사역이 그대로 하나님과 교통하는 것을 보았다. 그리하여 계속적으로 점점 강하게 하늘이 열리는 것을 체험하게 된다.

"너희가 하늘이 열리는 것을 보리라 그리고 하나님의 사자들이 인자 위에 오르락내리락 하는 것을 보리라!"

인생의 커다란 상처를 받았을 때, 인생을 살아갈 힘과 자신감을 잃는다. 어깨는 처지고 눈빛도 힘을 잃는다. 다른 사람의 눈조차 마주치지 못하고 공허해진 하루를 살아야 할 이유마저 없어진다. 그런데 신기한 것은 주님과 동행하면 할수록 어두운 마음이 사라지고 마음이 환해진다. 삶의 에너지가 넘쳐나고 하루의 삶이 성실해진다. 열매가 있고 인생에 전진할 힘이 생긴다. 마치, 골리앗 앞에선 다윗처럼. 하늘 문이 열리면서 강하게 붙드시는 하나님의 손길이 느껴지듯이 야곱 또한 하나님을 알아가면서 점점 담대해졌다. 그는 바로보다 더 높은 하나님, 바로를 왕으로 세우기도 하시고 폐하기도 하시는 하나님을 믿었다. 전능하신 하나님을 믿었다. 죽은 줄 알았던 요셉을 살려 주시고, 애굽의 국무총리가 되게 하신 하나님을 믿었다. 그렇기 때문에 바로를 위해 축복할 수가 있었다. 이렇게 야곱에게 힘을 주었던 하나님이 당신에게도 하나님을 향한 마음의 문이 열려 하늘 문이 열리는, 당신의 삶이 점점 강하게 열리는 체험을 하기를 바란다.

그 분은 살리신다

익산에서 권사님 한 분이 전화를 주셨다. 자신을 '딸'처럼 대해 주시는 권사님이 뇌수술을 했는데 오랫동안 의식을 회복하지 못한다는 전화였다. 중보기도를 하던 중, 이 분이 깨어나리라는 확신이 들었다. 그래서 "하나님이 어떻게 역사하시는지 한 번 지켜보라"라고 담대하게 선포하며 성도들과 함께 병원으로 향하였다. 중환자실로 들어가니 아들이 문 밖에 서 있었다. 중환자실은 하루에 2번 밖에 면회가 되지 않는다.

권사님을 찾아가서 의식이 없는 손을 잡고 다른 중환자들에게 방해가 되지 않게끔 권사님의 귀에다 대고 방언기도를 하면서 통변을 했다. 오랫동안 은사사역을 하면서 죽었던 영혼들이 살아나며, 뜨거운 눈물을 흘리며 회복되는 은혜의 현장을 수없이 경험했었다. 여기서, 방언 통역은 귀로 들리는 것이 아니라 마음으로 들리는 말을 담대하게 말하는 것이다. 물론 마음으로 들리는 말이 자신의 보통 때의 생각과 어떻게 다른가 하는 문제가 있지만, 분명한 사실은 성령 충만한 상태에서 우리는 자신의 지식이 아닌 초자연적인 소리를 분명히 들을 수 있다는 것이다.

뜨겁고 간절하게 권사님의 가슴과 손을 붙잡고 기도했다. 그러자, 권사님이 닭똥 같은 눈물을 주르륵 흘리는 것이었다. 그분의 주님을 향한 사랑이, 영혼을 깨우는 하나님의 음성에 반응한 것이다. 처음에는 권사님이 울고 계시는 줄 몰랐다. 단지 권사님의 손을 잡고 간절히 기도만 하고 있을 뿐이었다. 그런데 옆에서 지켜보던 송혜경 집사님이 놀라서 갑자기 소리를 쳤다.

"목사님, 김정순 권사님, 눈을 떴어요."

그 순간, 병원에 있는 많은 사람들이 놀랐다. 기적이 일어났다고, 특히 예수를 안 믿는 그의 자녀들의 눈이 휘둥그레졌다. 권사님의 나이는 이제 50대였고, 그녀의 온 몸과 입에는 의료기가 장착되어 있었다.

"권사님, 권사님은 아직 하나님께 갈 때가 아닙니다. 아직 사명이 많이 남아 있답니다. 의식 잃어버리지 마세요. 자, 지금 포기하지 않고 끝까지 싸우기로 약속하세요. 권사님, 약속할 거면, 제 눈을 보고, 눈을 깜박거리세요."

권사님은 고개도, 턱도, 손도, 그 어떠한 것도 움직이지 못하는 그 상황에서 눈을 깜박거리셨다. 못 믿어져서 "권사님 한 번 더요." 그러자, 한 번 더 깜박이면서 세 번이나 거듭 약속을 하셨다.

그날 권사님의 영혼만 살아난 것이 아니었다. 나의 영혼도 깨어났고 동행하던 장로님의 영혼도 살아났다. 장로님은 나와 같이 동행을 하시며 손을 얹고 땀을 흘려가며 간절히 기도를 하셨다. 그런데 장로님의 얼굴도 기쁨으로 해같이 빛나고 있었다. 권사님의 자식들도 살아났다. 하나님이 어떤 분이신가를 알게 되었다. 그뿐만이 아니라 입원하였다가, 이 기적을 본 증산도에 빠진 사람도 구원을 받았다.

중증환자실이라 면회를 할 수 있는 인원이 한정되어 있어 들어오지 못 했던 성도들이 어떤 일이 벌어졌나 궁금해 눈이 내게 향하였다.

"목사님, 어떻게 되었어요. 정말로 깨어났어요?"
"그럼요, 깨어나고 말구요. 권사님의 자녀 둘이, 예수를 안 믿는데, 이 일로 인해 주님을 믿게 될 거예요."

뒤 따라 나오던 송혜경 집사님이 기쁨에 들떠 말해주었다.

기다리고 있던 성도들의 영혼도 환호하였다. 지금도 동일하게 역사하시는 하나님을 찬양하며 돌아오는 차 안에서 흥분에 겨워 다들 성령이 주시는 하늘기쁨으로 가득하였다.

그 후, 김정순 권사님의 자녀가 교회로 찾아왔다. 자신은 성경도 잘 모르고 말씀도 잘 모르지만 주의 종이 되기로 결심하였다고 고백하였다. 할렐루야! 하나님은 살리신다. 그의 음성을 들으면 죽은 나사로가 살아나고, 회당장 야이로의 딸이 살아난다. 죽은 내 영혼이 살아나고, 죽음의 늪을 헤매는 권사님이 살아나고, 성도들이 살아난다.

내 입에 꿀보다 더 달다

신학교를 다닐 때 학비를 감당하기 위해 부지런히 일을 해야 했고, 더군다나 불우한 지역아동들을 모아 교회도 이끌어가고 있었기 때문에 제대로 잠을 자 본 적이 없다. 몸이 아프고, 지칠 법도 할 만한데, 신기하게 모든 것을 무사히 마칠 수가 있었다. 그 이유가 어디 있었을까 생각하니 답은 의외로 간단했다. 늘 말씀과 기도에 붙잡혀 살고 있었기 때문에 그 힘든 시기가 마음에 고통이기보단 즐거움이었다. 새벽기도가 끝나면 신학교로 가는 차안에서 항상 성경말씀을 틀고 살았다. 그것이 그렇게 재미있었다.

"주의 말씀의 맛이 내게 어찌 그리 단지요 내 입에 꿀보다 더 다니이다"
_시 119:103

정말 하나님의 말씀은 얼마나 그 맛이 달콤하고 신선한지 송

이꿀보다 더 달다. 그뿐만이 아니라 그분과의 대화는 다 죽어가는 영혼에 엔돌핀이 돌게 한다. 한 시간이든 두 시간이든 혹은 밤새도록이라도 기도하다 보면 흑암의 구름이 사라지고 마음이 밝아지면서 마음이 편안해진다. 심지어 내가 혈육문제로 인하여 두통에 시달리며 마음 아파할 때 하나님은 내게 말씀을 주셨다.

> "나 여호와가 이같이 말하노라 무릇 사람을 믿으며 혈육으로 그 권력을 삼고 마음이 여호와에게서 떠난 그 사람은 저주를 받을 것이라 그는 사막의 떨기나무 같아서 좋은 일의 오는 것을 보지 못하고 광야 간조한 곳, 건건한 땅, 사람이 거하지 않는 땅에 거하리라 그러나 무릇 여호와를 의지하며 여호와를 의뢰하는 그 사람은 복을 받을 것이라" _렘 17:5-7

참 이상했다. 하나님을 사랑한다던 사람들이 나중에는 자식들 때문에 넘어진다. 신학교시절 잠깐 미국을 갔을 때, 기숙사 근처에 있던 로버트 슐러 목사님이 담임하시는 수정교회를 찾아갔다. 첫 인상이 대단했다. 풍문으로만 들었던 그 유명한 '수정교회'가 눈앞에 있다는 것이 놀라워 연신 카메라로 찍어댔다. 구석구석을 들여다보며 느꼈던 웅장함과 황홀함도 잠시, 몇 해도 지나지 않아 기가 막힌 소식을 들었다. 세계적으로 명성을 떨쳤던 '수정교회'가 자식들 간의 불화와 재정난으로 인하여 매각되었다는 것이다. 그 쇼킹함이란!

수정교회의 소식은 내가 속해 있던 교단과 맞물려 많은 것을 생각하게 하였다. 신학교를 졸업한 후, 얼마 되지 않아 내가 속해 있던 교계가 진통을 겪기 시작하였다. 가슴이 아팠다. 어쩌면 나의 상황과 맞물려 많은 것을 생각하게 만들었다. 끝이 아름다운 목회자, 아, 이 얼마나 애틋한 말인가? 나는 광야에 홀로 고립되어 있음을 감사했다. 더 많이 울고, 더 많이 기도하고, 더 많이 하나님께 가까이 갔다.

"주여, 끝이 아름다운 목회자가 되게 하옵소서. 이 시기를 견뎌내게 하소서. 주님께 아름답게 쓰임 받게 하소서"

힘든 광야를 지나며 그분의 말씀이 나를 붙들지 않았으면 나는 살아남지 못했을 것이다. 사람에게 가장 소중한 것은 영혼이기에 모든 가치는 그의 영혼에 달려 있다. 사람의 병든 영혼을 고칠 수 있는 것은 오직 하나님의 말씀뿐이다. 아무리 병든 영혼이라도 하나님의 음성을 들으면 그 자리에서 벌떡 일어날 수 있다.

"주의 법이 나의 즐거움이 되지 아니하였더면 내가 내 고난 중에 멸망하였으리이다… 주께서 이것들로 나를 살게 하심이니이다"_시 119:92-93

하나님의 말씀이 주는 즐거움이 없었더라면 고난가운데서 멸망했을 것이다. 하나님은 이 시기에 철저히 기도의 사람으로 만들어 그 분의 격려와 주시는 말씀으로 살게 하셨다.

그 분의 역사를 믿는다. 하나님의 말씀의 능력은 우리를 인생 밑바닥에서 얼마든지 일으킬 수 있다. 하나님의 말씀은 바다를 갈랐고 여리고 성을 무너지게 했으며 태양을 멈추게 하였다. 아무 길이 없어도 길을 만들며, 그 어떤 장애가 있다 할지라도 이기고 다시 승리하게 만드신다.

하나님과의 관계를 가깝게 하자

초등학교시절의 어른들이 새벽예배 드리는 것과 예수님의 제자들이 시간을 정하여 하루에 3번씩 기도하는 것을 대단하게 여겼다. 하지만 세월이 흘러 어느 새 장성하고 보니 이제는 왜 그런지 알 것 같다. 그것은 바로 하나님을 절실히 갈망하기 때문이다. 그들의 심령이 하나님으로 인하여 뜨겁게 채워지기를 원하기 때문이다. 다윗의 마음 역시 항상 하나님을 향하여 불붙는 듯했다. 그래서 그는 날이 새기 전에 일찍 하나님을 찾았다. 하나님을 향한 강렬한 열망 때문에 침상도 곤한 잠도 그의 영혼을 얽어맬 수가 없었던 것이다.

우리의 마음이 담대함을 유지할 수 있는 비결은 '하나님이 나와 함께 하시는가, 아닌가.' 즉 하나님이 나와 동행하시는가에 달려 있다. 하나님의 격려가 있고, 매일의 삶에 하나님과 친근한 교제가 있는 사람은 두려움이 사라지고 용기가 솟아나게 되어 있다. 그러므로 우리는 매일의 삶에서 하나님과 동행하는 것을 연습해야 한다. 하나님과 새벽의 교제가 있고, 말씀의 교제가 있고, 기도를 통한 만남이 있을 때, 그 사람은 용기백배한다. 모세가 그토록 강력할 수 있었던 이유 역시 하나님과의 교제, 하나님과의 동행에 그 비밀이 있었다.

"아론과 온 이스라엘 자손이 모세를 볼 때에 모세의 얼굴 꺼풀에 광채 남을 보고 그에게 가까이 하기를 두려워하더니"_출 34:30

모세는 약해질 때마다 하나님 앞에 나아가 엎드려 상의했다. 거룩한 산에 오를 때 능력이 임했고, 담대함이 생겼다. 이젠 백성들이 모세를 두려워할 정도가 되었다. 그 담대함을 지닌 모세 한 사람이 60만 명이 넘는 거대한 백성들을 압도했던 것이다.

이제, 우리도 하나님과의 관계를 가깝게 하자. 매일 주님과 동행하기 위해 새벽 첫 시간을 드리는 것이 힘들어도 연습하고 또 연습해보자. 토미 테니의 고백처럼 하나님을 향한 갈망이 '아침 잠'조차 이길 수 없다면 그 인생은 하나님을 위해서 별다른 일을 할 수 없다. 하나님은 내 육신의 모든 관심사보다 제일 첫 자리를 차지할 나의 '왕'이시다.

새벽에 4시에 일어나 기도에 자리의 나아가는 것이 처음에는 힘들었지만, 지금은 오히려 기도하고 나면 몸이 그렇게 상쾌할 수가 없다. 하나님을 우선순위에 두는 것을 연습하고 또 연습하자. 습관은 반복으로 인해 몸에 밴 것을 뜻하고 의지를 넘어 무의식 속에서 행해지는 말과 행동을 말한다. 꿈속에서라도 하나님을 찾는 것이 습관이 되게 하자. 운동선수에게 가장 중요한 것은 기본기이다. 자세가 얼마나 중요한지 모른다. 하루에 오백 번, 천 번 스윙 연습을 한다. 스윙이 몸에 완전히 붙도록 연습한다. 예전에 탁구를 배운 적이 있다. 부지런히 배워서 '전주시장 배'까지 나가 상을 탄 적이 있다. 탁구를 한참 배울 때는 항상 거울을 보며 스윙 연습을 오백 번, 천 번도 더 하였다. 드라이브 연습도 마찬가지이다. 나중에는 차를 몰면서도 신호등에 걸리면 한 손으로 탁구 스윙연습을 하였다. 그런 모습을 발견하고 혼자 웃는다. 사도바울은 '육체의 연습도 유익하나 경건은 범사에 유익하니 금생과 내생에 약속이 있다'고 하였다(딤전 4:8).

적절한 음식, 적절한 운동을 통해 몸의 건강을 연습하는 것이 유익한 것처럼, 하나님께 가까이 가는 훈련은 범사에 유익이 있다. 하나님이 우리에게 약속하신 말씀이 확실하게 이루어지는 기적이 일어난다. 우리도 자신을 한 번 이겨보자.

07

한밤의 찬양

밤중쯤 되어 바울과 실라가 기도하고 하나님을 찬미하매 죄수들이 듣더라
행 16:25

당신을 느끼는 여행 _주 은총

내 영혼의 쉼을 찾아
어디론가
떠납니다

당신을 느끼는
여행을 하고 싶었기 때문이죠

노을이 지는 잔잔한 호숫가에서
당신의 아름다움을 봅니다

차창 넘어 펼쳐지는
황금벌판을 보며
당신의 풍성한 손길을 느낍니다

사과향기 가득한 농원에서
당신의 배려를 느낍니다
붉은 빛 도는 탐스런 과일들이
주렁주렁 열려 있습니다

밤하늘 영롱한 별을 보며
당신의 눈동자를 봅니다

어느새
내 마음에도
당신을 향한 사랑과 감동으로
가득 차 있습니다

오직,
지금 이 자리는
당신만을 잔잔히 느끼는
순간입니다

친밀한 인간관계를 맺지 못하는 사람

처음 어머니를 만났을 때 어머니는 교회에서 전도사로 사역을 하고 있었다. 가끔 교회어른들이 전도사님 딸이라고 관심을 가지고 애정 어린 눈으로 내게 가까이 오면, 생전에 그런 관심을 받지 못한 채 방치되어 있었기 때문에 곱게 차려 입은 어머니 한복 속으로 들어가 숨은 기억이 생생하다.

방치를 경험한 아이들은 어떤 집단에 소속하는데 어려움을 느끼며 불안과 고독으로 심한 고생을 한다. 사람들에게 거리감을 두고 대하며 자신을 특별하고 소중한 존재라는 것을 잘 생각하지 못한다. 유년기의 방치는 다른 사람들에게 호응하고 친밀감을 느끼며 만족감을 느끼는 부분에 문제가 있다.

그러면, 이러한 방치는 왜 발생할까? 이 시기에 자녀들은 '너는 소중한 아이야.'라고 느낄 수 있도록 보살펴 줄 수 있는 어른과의 지속적인 접촉이 있어야 한다. 그런데 이러한 필요성에 대하여 부모가 시간이 부족하여 관심과 인식을 하지 못하는 부모의 태도가 바로 방치이다. 부모가 직장이나 사회활동 때문에 바쁘게 되면 자녀들 하나하나에게 의미심장한 방법으로 배려를 해주지 못하게 된다. 물론, 부모의 사망이나 이혼이나 병원에 입원하는 경우와 같은 어쩔 수 없는 상황에 의한 방치도 있다.

　방치를 경험한 사람은 자기가 특별하고 가치 있는 존재라고 생각하게 해주는 부모와의 친밀함과 만족스러운 접촉을 이루고 유지할 수 있는 지속적인 기회가 부족했던 사람들이다. 그러한 관계의 결핍으로 인하여 자녀는 자신과 다른 사람들에 대한 감정들이 왜곡되고 공허하게 된다. 아버지와 어머니를 진정으로 필요로 할 때 아버지가 아버지의 역할을 어머니가 어머니의 역할을 해주지 않았다면, 이러한 방치는 성인생활에 영향을 미쳐 어려움을 경험하게 된다. 인간은 생후 수개월에서 다섯 살 사이에는 어머니나 어머니를 대신할 수 있는 사람으로부터 무조건적인 사랑을 충분히 받아야 한다. 그래야 그는 인생에서 다른 사람들과 인간관계를 잘 맺을 수 있는 것이다. 그러므로 어머니가 어린 시절에 죽었다면 어머니를 대신할 사람을 가능한 이른 시기에 소개해 주는 것이 바람직하다. 그러한 대리 보호가 인생 초기의 정서적인 손상을 성공적으로 막을 수 있기 때문이다.

내가 너를 가장 잘 아노라

부모의 사랑과 관심이 필요한 나도 '방치'되어 있었고, 커서도 다시 한 번 큰 위기를 맞이하였다. 혼자 캄캄한 어둠 속을 방황했다. 찾아오는 사람 하나 없었고 차마, 전화 벨 소리마저 울리지 않았다. 어쩌다 오는 문자는 거의가 대출이나 스팸문자였다. 그런데도 불구하고 오히려 그 속에서 영적인 풍년을 맞이하였다. 끊임없는 기도와 눈물로 주님께 가까이 갔던 것이다.

절체절명의 절망가운데서 한 줄기 '빛'을 보았다. 그것은 바로 '예수 그리스도'이다. 주님은 내 손을 붙잡아 주셨고 강하게 살아남을 힘을 허락하셨다. 내게 허락하신 귀한 연단을 통하여 많은 것을 생각하게 되었다. 그중에 하나가 바로 교회를 운영하는 데 있어서 '재정의 투명성'이었다. 물질은 일반 사람은 물론이고 심지어 믿었던 목회자까지 넘어뜨린다는 것을 알게 되었다.

이 일을 겪으면서 누가 진짜 하나님의 사람인가를 바라 볼 수 있는 눈을 가지게 되었다. 소유에 집착하지 않는 법을 배우게 되었다. 소유하지 않는 것이 아니라 소유를 초월하는 법을 훈련받게 되었다. 이것은 어려운 일이다. 한 인간을 위대하고 담대하게 만드는 일이다. 사람은 누구나 소유에 집착을 한다. 그러나 특별히 주의 종은 집착을 뛰어 넘고 소유를 넘어서서 소유에 초연함을 몸에 익혀야 한다. 아브라함은 모든 것을 소유한 사람이었지만, 그는 소유를 넘어선 사람이었다. 아들 이삭까지도 하나님께 올려 드렸던 사람이다. 그래서 그는 위대한 믿음의 사람이 되었다. 많은 사람이 꿈을 성취한 다음에도 실패하는 까닭은 지나치게 소유에 집착하기 때문이다. 탐욕과 인간의 본능을 억제하지 못한 나머지 속에 있는 온갖 더러움과 추함을 들어내지만 남는 것은 결국 상처뿐이다.

광야로 몰아넣으신 하나님께 감사를 드린다. 그 속에서, 하나님이 없으면 한시도 살아 갈 수가 없는 연약한 나를 발견하였기 때문이다. 하나님은 나를 너무나 잘 아신다. 목회의 길을 걸으며 죽어도 좋을 정도로 행복함을 매일 느낀다. 전도를 하는 것이 행복하고, 독서를 하는 것이 즐겁고, 정말 주를 위해서 스스로 된 고자도 있다(마 19:12)고 예수님이 말씀하셨는데, '독신의 은사'는 받은 자가 그 즐거움과 행복을 아는 법이다. 이제 나는 예수로만, 그분이 준 사명으로만 산다. 사명이 내 생명보다 중요하다는 것을 알기 때문이다. '나를 관제로 드릴지라도', '피를 쏟아 붓는다'고 해도 사도바울처럼 기쁨이 한량없다. 살고 죽고는 이제 아무 상관이 없다. 다만 내게 맡긴 사명에 충실할 뿐이다.

"주님, 내 사명 다하는 날까지 나를 붙잡아 주소서! 딴 길로 가지 말게 하소서!"

만일 내가 하나님의 손을 놓치는 날이면 한 순간에 끈 떨어진 연처럼 버림당하고 말 것임을 그 누구보다 가장 잘 알고 있다. "홀로 있는 이 몸, 늙어서 거동을 하지 못하고 손발이 말을 안 들어도, 차마 내가 누구인지 내 이름조차 기억을 못해도, 내 진정 평생에 사랑하는 "예수" 이름은 잊지 말게 하소서."

내게도, 지상에서의 마지막 순간이 찾아올 것이다. 심장의 고동이 멎고, 내 몸의 더운 피가 차갑게 식어버리는 인생의 마지막 순간이 곧 찾아 올 것이다. 사도바울이 그랬던 것처럼 나 또한 내 생명의 모든 피를 포도주처럼 주님 앞에 부어 버린 인생! 나의 모든 시간과 정열과 땀과 모든 진액과 정성을 다하여, 사랑하는 주님 앞에 모두 다 쏟아 붓고 싶다. 하루하루의 삶을 성실과 최선을 다해 주님을 사랑하다 내 생의 마지막 호흡이 끊어지는 날, 그렇게 생명 다해 사랑하고 또 사랑했던 주님을 만나 뵙고 싶다.

따뜻함을 공급받다

가난과 싸우며 광야를 지나는 외로운 사람들에 주는 따뜻한 말 한 마디는 인생을 살아갈 에너지가 된다. 사막에서 꽃을 피우는 기적을 낳는다. 로뎀 나무 아래서 죽기를 간청하는 엘리야에게 하나님은 떡과 물을 주었고 천사가 어루만져 준다. 그러자 엘리야는 다시금 일어나 40주 40야를 걸어갔다.

신대원을 졸업하고 연거푸 삶에 허덕이며 지쳐 있을 때, 동기목사님의 따뜻한 격려가 1년을 버티게 했다. 사랑하는 '하미자' 목사님이 근무하는 출판사 앞에서 함께한 된장찌개 한 그릇이 인생을 달려갈 힘을 주었다. 예수님도 그랬다. 바쁜 사역을 하며 지쳐 있을 때, 예수님 역시 정서적으로 휴식하시기 위해 어떤 이들을 찾으셨다. 예수님은 그들의 집에서 식사 대접을 받고 쉬기도 하셨다. 바로 베다니의 나사로, 마리아, 마르다의 집이었다.

힘들 때 격려해 줄 수 있다는 사람이 있다는 것! 같이 눈물을 나누고 아픔을 나눌 수 있다는 것! 이것은 아름다운 축복이다.

아무리 심신이 지쳐 있을지라도 좋은 사람을 만나면 위로가 되고 영혼도 새 힘을 얻는다. 그러나 원망하는 사람, 비판의 눈으로 바라보는 사람을 만나면, 단 몇 분만 이야기 했을 뿐인데도 몸에 있는 기운을 쭉쭉 뽑아간다. 비장애인이 장애인을 피하는 이유도 육체의 장애로 인해 정신마저 건강하지 못해 왜곡된 자아의식을 가지고 사람을 힘들게 하는 것이 아닐까 한다.

그런데, 감사할 수 없는 환경에서 감사하는 사람에게는 왠지 빠져드는 이상한 '마력'이 있다. 옆에만 있어도 기쁘고 엔돌핀이 돈다. 그러면서 점점 사람들이 붙고 인생의 따뜻한 배려가 달라붙는다. 불평은 사람들을 도망가게 하지만, 감사는 이상하게도 사람들을 머무르게 만든다. 나의 경험에 의하면, 도망가는 다윗에게 억울한 자와 빚진 자, 환난당한 자들이 따랐던 이유 역시 어떠한 상황에서도 감사하는 다윗의 태도 때문이 아닌가 싶다. 기가 막힌 웅덩이와 수렁에서도 감사하는 그에게 하나님도 그를 도와 승리의 길을 이끌어 주셨다.

하나님께 감사의 박수를 올려드리다

인생을 살면서 작정한 것이 하나 있다. 어떤 상황에서라도 '감사'하기로 결심한 것이다. 이유는 '하나님' 때문이다. 하나님이 기쁘면 나도 기쁘고, 하나님이 슬프면 나도 슬프다. 그런데 민수기, 신명기를 읽으며 하나님의 분노가 느껴지면서 가슴을 조마조마 하게 하더니 마침내 하나님이 '폭발'하셨다.

"내 이 놈들을, 나를 원망하는 이 악한 회중을 내가 어느 때까지 참으랴!"

하나님은 자기 형상을 따라 지음 받은 자녀인 우리가 삶에서 불평하고 원망할 때 제일 싫어하신다. 원망은 하나님께 하는 것이다. 원망은 하나님의 주권적 섭리에 대적하는 것이다. 오죽하면 하나님은 이렇게 말씀하셨을까?

"나의 삶을 가리켜 맹세하노니 너희 말이 내 귀에 들린대로 내가 너희에게 행하리니"_민 14:28

누구나 삶이 힘들고 불편하고 짜증나는 일들과 마음의 기쁨과 평안을 깨뜨리는 요소가 많이 있다. 그럴지라도, 우리는 어떤 일이 있어도 화를 내거나 짜증내는 것을 자제하기로 결심해야 한다.

"하나님 나는 어떤 일이 있어도 기뻐하겠습니다. 환경이 나를 힘들게 하더라도 기뻐하겠습니다. 사람이 나를 지치게 해도 기뻐하도록 노력하겠습니다."

오늘은 아침 일찍부터 전화벨이 요란하게 울렸다. 강원도로 시집을 간 성도였다. 부부싸움을 해가지고 잔뜩 화가 난 채로 시누이부터 시작해서 남편 친구들에게까지 전화를 걸어 '남편의 단점'들을 동네방네 이야기한다. 그래도 속이 풀리지 않자, 나에게까지 전화를 건 것이다.

가만히 그녀의 이야기를 들어보니, 1층에는 시어머니가 살고, 2층에 자기네가 살림을 하는데, 시어머니랑은 사이가 안 좋아 한 집에 살면서도 냉전이었다.

그런데 바로 오늘 아침 신랑을 위해서 아침상을 맛있게 차렸는데 신랑이 거들떠보지도 않고 "나, 회사 갈게." 하고 그냥 나가더라는 것이다. 정성껏 신랑을 위해서 준비했는데 눈길 한 번 주지 않아 서운한 마음이 들었는데 아, 세상에나! 회사간줄 알았던 신랑이 1층에 있는 어머니랑 오순도순 아침밥을 먹고 출근하는 것을 보니 확 뒤집어져 버린 것이다.

"목사님, 저 이혼할래요. 당장 신랑한테 전화해서 이혼한다고 해야겠어요."

"지금은 화가 나서 그러니 나중에 후회할 행동하지 말고, 화가 진정될 때 까지 기다려"

"목사님, 지금 한참 일하고 있는 신랑에게 퍼부어 주면 일이 안 잡히겠죠."

"목사님, 도저히 안 되겠어요. 한바탕 쏘아주어야지 내 속이 시원할 것 같아요."

하고는 전화를 끊어버렸다.

대체적으로 사람들은 "나를 힘들게 하는 이 사람 때문에 괴롭습니다. 배우자가 없어지면 기쁠 것 같습니다. 이 병이 나으면 기쁠 것 같습니다. 이 문제가 해결되면 기뻐할 수 있습니다." 라고 이야기한다.

그러나 그렇지 않다. 하나님은 우리에게 모든 상황에서 기뻐할 수 있는 '힘'을 주셨다. 우리는 환경은커녕, 차마 남편의 문제마저 컨트롤하지 못한다. 그러나 나의 태도는 얼마든지 바꿀 수 있다. 바울을 보면 그리스도인의 삶의 자세를 엿볼 수가 있다. 바울은 그의 문제에서 벗어나도록 기도하지 않았다. 오히려 그는 감옥에서 조차 감사하며 찬양하였다. 그러면서 그는 우리에게 말하기를 '항상 기뻐하라'고 이야기한다.

이제 문제가 있어도 기뻐하도록 노력하자. 직장을 잃어도, 갈등이 있어도 기뻐하자. 배신을 당하고 좋지 않은 태도로 대한다

할지라도 기뻐하자. 그렇게 기뻐함을 보고 하나님은 우리를 보고 놀라신다. '어, 제대로 된 일꾼이네' 하고 놀라워하신다.

이렇게 자신을 이기며 기뻐하다 보면, 긍정적으로 문제를 놓고 싸우는 자신을 보고 깜짝 놀라게 된다. 갈수록 맷집이 생겨 그 어떠한 태산 같은 문제라도 하나님 앞으로 가져오게 된다. 갑자기 옥문이 열리며 하늘과 땅이 진동하기 시작한다. 아, 이 사람, 큰일 낼 사람이다.

나는 인생에서 다시 한 번 홀로서기를 하였다. 천변의 바람을 맞으며 많은 눈물을 쏟아내었다. 한없이 울었다. 그 해 겨울은 유달리 더 춥게 느껴졌다. 몸은 약해져 가고 안 아픈 곳이 없었다. 눈은 보이지 않고, 위장과 신장 기능도 떨어지고, 폐까지 안 좋았다. 나중에는 침상에서 일어날 수가 없었다. 하루 종일 천장을 바라보고 누워 있다가, 간신히 새벽에 기도하러 갔다. 그러면서도 주님을 찬양하였다. 내 곁을 지키고 있는 성도들에게 이 상황을 허락하신 하나님께 감사의 박수를 올려드리자고 하였다. 눈물로 감사의 박수를 올려드렸다. 하나님만 붙잡을 수 있게 하신 놀라운 주님을 찬양하였다.

그러자 신기한 일이 생겨났다. 감사하기 힘든 상황에서 감사했더니 사람들이 떠나지 않았다. 사람을 얻게 된 것이다.

친구란 첫 번째로 세상 사람이 다 나를 버릴 때 나를 찾아오는 사람이다. 어떤 이유로든지 모든 사람이 나를 배척하고 버릴 때 나에게 가까이 오는 사람이 친구다. 두 번째는 나의 침묵을 이해하는 사람이다. 특별한 말을 안 해도, 네 억울함을 안다. 네 고통을 안다. 네가 바로 하고 있다는 것도 안다. 네 진실을 안다. 침묵을, 나의 침묵을 충분히 이해하는 사람, 그게 친구이다. 나는 특별한 '변명'을 하지 않아도 곁을 지키는 사람들, 충성하는 사람들을 얻었다. 그들은 힘든 환경 속에도 죽기까지 충성하였다. 보잘 것 없는 목회자를 먹여 살렸다. 기도로, 물질로, 차마 자신의 생명조차도 내어 놓는 눈물의 헌신이 있었다. 아, 내가 죽은 들 '양희 권사님, 기봉 집사님, 미숙이, 하영이, 세훈이 그리고 이재권 장로님과 이희자 권사님' 어찌 이들을 잊을 수 있으랴!

감사는 인생을 살아갈 건강한 '힘' 이다

감사할 수 없는 환경에서 감사를 올리는 사람은 다른 사람에게도 '힘'을 준다. 인생을 살아갈 에너지를 준다. 감사는 인생을 살아갈 건강한 '힘'이다. 감사하는 마음을 가지면 신앙과 인격이 건강해질 뿐만 아니라 육신도 건강해진다. 환난과 시험을 잘 이길 수 있다. 뿐만 아니라, 감사할 때에 건강한 인격을 가지게 되고, 그로인해 모든 사람들에게 사랑과 존경을 받게 된다. 환경에서 물질의 축복을 받아야지만 하나님의 영광을 들어

내는 줄 알지만, 실은 어려운 환경 속에서 감사할 때에, '아니, 저 환경에서 어떻게 감사할 수 있지? 대체, 이 사람 뭘 믿고, 저런 고통가운데서 기뻐할 수 있는 거지? 그 힘의 근원이 무엇일까?' 하며 오히려 경외의 눈으로 쳐다보게 된다. 그 자신 역시, 그의 하나님을 만나 뵙고 싶은 마음이 들게 되는 것이다.

어느 날, 기독교 동호회에서 알게 된 두 여자를 만난 적이 있다. 그런데, 그 중의 한 여인이 자신의 어머니가 새벽기도를 가다가 교통사고를 당한 이후로 교회에 나가지 않는다는 고백을 했다. 그녀의 마음속에 '아니, 하나님이 존재한다면 어떻게 새벽 예배 가다가 교통사고를 당할 수 있지?'라는 생각이 들었다는 것이다. 나는 그녀를 향한 연민의 정이 생겨 그녀를 위해 생각 날 때마다 기도를 하였다. 그러다 보니 새벽예배 갔다가 사고를 당하는 사람들이 제법 눈에 보였다. 그러던 어느 날, 나의 마음에 따뜻한 감동을 주는 또 다른 여인의 간증을 들었다.

새벽예배를 드리러 나오다가 한 여자 성도가 교통사고를 당하였다. 그녀는 크게 상처를 입고 깁스를 한 채 누워 있었다. 그래서 염려되는 마음으로 목사님이 심방을 가게 되었는데 아니 글쎄, 그렇게 많은 상처를 입고도 그저 싱글벙글 웃으면서 오히려 목사님을 위로하여 주는 것이었다. 그래서 목사님이 그녀에게 "뭐가 그렇게 좋은가요?" 물었더니, 그녀는 이렇게 대답했다.

"목사님, 차 사고라는 것은 언제라도 날 수가 있잖아요. 죄 지으러 가다가 날 수도 있고, 장사하러 가다가도 날 수가 있고, 밤에 날 수도 있고, 낮에 날 수도 있잖아요. 그런데 새벽기도 하러 가다가 차사고가 났으니 얼마나 감사해요."라고 대답했다는 것이다.

고난도 없고, 핍박도 없고, 이것이 과연 축복일까? 하는 일마다 만사형통하면 이것이야 말로 축복이라고 즐거워해야 할까? 물론, 형통함도 감사이지만 오히려 복음과 함께 고난을 받고, 예수와 함께 손해를 보고, 그러면서도 기뻐하고 감사하는 모습이 참된 그리스도인의 모습이 아닐까? 억울함을 당하고 있지만, 고난을 당하고 있지만, "주님이 나의 노래요, 주님이 나의 기도입니다." 라고 고백할 수 있는 사람, 아, 이 사람이 정말 놀라운 하늘의 능력을 가져오는 사람이리라.

사도바울과 실라가 그랬다.

두 사람이 기도하러 가던 길에 한 귀신들린 여자가 그들을 따라오자 사도바울은 그녀에게서 귀신을 내어 쫓아주었다. 그녀를 통해 돈을 벌던 주인이 가만히 있지를 않았다. 한 사람이 소란을 떨기 시작하는데 여기에 선동되어 군중심리가 발동되었다.

"바울을 죽여라, 실라를 죽여라."

무리들이 일제히 일어나 기절할 정도의 매로 때렸다. 그리고는 발을 조금만 움직여도 쇠 조각에 부딪혀 피를 흘리고 찢기울 수밖에 없는 그런 착고에 채워졌다. 귀신을 쫓아준 일로 인해, 옥살이까지 하게 되다니 한마디로 기가 막히고 억울하였다.

그런데 옥문이 터지고 쇠사슬이 풀리는 기적보다 더 감동적인 놀라운 일이 일어났다. 그들은 많은 매를 맞고 억울하게 감옥에 들어 왔는데도 불구하고 하나님을 찬양하였다. 생각해 보라. 매를 맞고 감옥에 있는 상황이 어찌 기쁘고 어찌 찬양이 나올 수 있단 말인가? 아마도 우리가 그러한 환경에 처해 있었더라면 절망과 한숨 속에 빠져 들었을지도 모른다. 어쩌면 하나님을 향하여 원망했을지도 모른다.

"하나님, 도대체 이게 어떻게 된 상황입니까? 본래 아시아로 가려고 했는데, 성령께서 그 길을 막으시고 환상을 보여주셔서 이리로 오게 된 것 아닙니까? 그만큼 성령의 감동하심에 철저히 순종했으면 길이 잘 열려야지 이게 뭡니까? 하나님이 살아계시면 이러실 수 있습니까?"

어쩌면 그들은 아시아 선교를 포기하고 유럽으로 건너온 것을 한없이 후회하고, 자신들을 때리고 감옥에 가둔 사람들에 대해서 분노의 마음을 품고, 괴로워해야 할 입장이었다. 그런데 그들은 그렇게 하지 않았다. 아니 오히려 원망할 시간에 감사했고, 슬퍼해야 할 시간에 기뻐했고, 절망할 시간에 찬송을 불렀다. 정신을 잃을 정도로 얻어맞았음에도 불구하고 그들은 한밤중에 기도의 자리로 나아갔다. 그들의 기도는 점점 깊어졌고, 고난 속에도 함께 하시는 하나님을 향하여 찬양을 하기 시작했다. 그들의 입에 찬미가 나오기 시작하였다.

삶에 지쳐 힘들 때, 감사가 나오지 않을 때, 부르는 찬양이 있다. 감사가 나오지 않으면 인생이 오히려 더 고달프고 재미없다. 아주 죽을 맛이다. 그럴 때 나는 작은 것부터 시작하여 감사할 조건들을 하나하나 헤아린다. 그러면서 '세상풍파 너를 흔들어' 라는 찬양을 꼭 부른다.

1. 세상 모든 풍파 너를 흔들어 약한 마음 낙심하게 될 때에
   내려주신 주의 복을 세어라 주의 크신 복을 네가 알리라
   받은 복을 세어 보아라 크신 복을 네가 알리라
   받은 복을 세어 보아라 크신 복을 네가 알리라

2. 세상 근심 걱정 너를 누르고 십자가를 등에 지고 나갈 때
   주가 네게 주신 복을 세어라 두렴 없이 항상 찬송하리라
   받은 복을 세어 보아라 크신 복을 네가 알리라
   받은 복을 세어 보아라 크신 복을 네가 알리라

3. 세상 권세 너의 앞길 막을 때 주만 믿고 낙심하지 말아라
   천사들이 너를 보호하리니 염려 없이 앞만 보고 나가라
   받은 복을 세어 보아라 크신 복을 네가 알리라
   받은 복을 세어 보아라 크신 복을 네가 알리라

우리가 심한 고통 속에서 좌절하지 아니하고 벌떡 일어나 찬양을 부르기 시작할 때 사람들은 경이의 눈초리로 우리를 주목하기 시작한다. '어떻게 저럴 수 있지? 저렇게 힘든 상황을 겪으면서도 어떻게 기뻐하며, 저렇게 찬양을 하지? 대체, 저 사람들이 감사할 수 있는 힘은 어디에 있는 것일까?'

그렇다. 감사하는 사람은 자신도 행복해지고 남도 행복하게 해준다. 감사할 줄 아는 사람은 어떤 환경에서도 행복하게 살 수 있고, 불평과 원망을 일삼는 사람은 어떤 좋은 환경에서도 지옥 같은 생활을 하게 된다. 그뿐만이 아니다. 하나님이 우리를 보고 기뻐하신다. "아니, 네가 이 상황에서도 감사하다니" 그러면서 '신기한 일'이 일어나게 된다. 도대체 믿을 수 없는 기적이 일어난다. 사람의 이성으로는 이해할 수 없는 그런 일들이 펼쳐지기 시작한다. 옥터가 조금씩 움직이고, 묶인 것이 벗겨지며, 길이 보이기 시작한다.

08

너는 가라
주의
이름으로

거친 광야 위에 꽃은 피어나고 세상은 네 안에서 주님의 영광보리라
파송의 노래 중에서

겨자씨의 소망 _주 은총

나는 겨자씨입니다
아주 미약한 존재이지요
눈에 잘 띄지도 않는
작은 씨앗입니다

나는 꿈을 꿉니다
언젠가는 숲을 이루고
많은 새들이 와서 노래하며
사슴이 뛰노는 꿈을

그 분은 내게
단비를 주며, 말씀하였습니다

"작은 자가 천을 이루겠고
약한 자가 강국을 이룰 것이라
때가 되면 나 여호와가 속히 이루리라."

오늘도 나는
그 분의 말씀을 붙들며
조금씩
앞으로 나아갑니다

하나님을 만나다

새벽예배와 독서가 끝난 후 틈틈이 글을 적는 연습을 한다. 아침시간에 몇 줄이라도 글을 적고 있으면, 권사님이 부엌에서 나를 위해 먹을 것을 챙기는 소리가 달그락하고 들린다. 그리고는 아침마다 과일을 예쁘게 깎아서 책상 위에 올려놓고 일하러 나가신다. 그런 권사님의 모습을 보며 마음에 진한 헌신과 사랑을 느낀다.

사실 아침마다 수고하는 권사님을 30여 년 전에 처음 만났다. 금암동에 있는 어느 교회에서 부흥회를 하는데, 권사님이 화려한 무대의상을 입고 특별 찬양을 부르고 있었다. 젊을 적 권사님의 모습이 얼마나 예뻤던지 동네 사진관들마다 권사님의 사진을 걸어놓았다. 사진관에서 권사님의 처녀 때 사진을 발견하고는 혼자 빙그레 웃었다. 당시에 가수가 되기 힘든 초창기 시절에 '남진, 나훈아' 뿐만 아니라 우리 권사님도 정식으로 가수협회에 등록이 되어 있었다. 연예인 뺨치게 예뻤던 권사님은 어느 곳을 가든지 사람들을 몰고 다녔다. 그 미모에 가수를 했다면 아마도 굉장히 유명했으리라는 생각마저 든다.

손님대접 잘 하고 화려한 예쁜 권사님은 어디를 가든지 눈에 띄었다. 권사님 옆에만 서면 곁에 있는 사람이 괜히 초라하게 보인다. 권사님의 모습은 마치 5월에 빛나는 장미 같았다. 그런 권사님이 승승장구하였다면 얼마나 좋았을까? 하나님은 그런 권사님을 무지막지하게 깨뜨렸다. 계속된 사업의 실패와 좌절, 수십 년간의 연단 속에 권사님은 철저히 부서졌다. 자신은 온데간데없고 오직 하나님만 남았다.

오늘 아침에도 권사님이 사무실 문을 살며시 열더니 과일을 가져다 놓으며 말씀하신다. "어머니 목사님과는 달리, 목사님은 성도들의 말을 잘 귀담아 들어주니 좋다"고 하시면서 이런저런 이야기들을 풀어 놓으신다. 살아오면서 간증거리가 많다고 하시면서 탕자가 살기 위해 돼지가 먹는 쥐엄 열매를 먹으며 살아남았듯이 권사님의 인생도 그랬다 한다. 때론 기도원에 갔다가 먹을 것이 없어 힘들어하던 중, 기도원 식당일을 거들면서 한 끼 밥을 해결하기도 하고 정말 지면을 빌어 이야기 하지 못할 간증거리들이 많았다.

권사님의 모습 속에서 젊었을 때보다 더 아름다운 권사님의 모습을 날마다 본다. 몸이 아파도, 생활이 어려워도, 권사님은 고단한 몸을 일으켜 새벽에 제일먼저 나오신다. 새벽 4시도 안 된 시간에 뜨거운 눈물과 기도로 성전에 불을 지펴놓으신다. 자신의 모든 삶과 물질조차 하나님 앞에 올려드리는 그 헌신은 눈물겹도록 아름답다.

사람은 이 세상에서 무엇이든지 조금이라도 가진 것이 있으면 자기가 대단한 줄로 착각한다. 조금만 미모가 뛰어나도, 조금만 좋은 의사 신랑이나 사윗감을 얻어도, 심지어 빌딩 하나 가지고 있는 것만으로도, 그 기세가 하늘을 찌를듯하다.

그러나 사람은 인생을 살아가면서 실패하고 무너졌을 때 자신의 가면이 벗겨진다. 정말 자신이 하나님 앞에서 아무 존재도 아니라는 것을 깨닫기 시작한다. 그때부터 하나님은 살아있는 분이 되고, 하나님의 말씀은 그 전과는 다르게 들린다.

야곱이 그랬다. 지금까지 그가 알았던 하나님은 자신의 하나님이 아니었다. 어디까지나 아버지 이삭의 하나님이고 할아버지 아브라함의 하나님이었다. 그런 그가 진정으로 하나님을 만난 때에는 비참한 상황에 놓여 있을 때였다. 형 에서를 피하여 도망가다가 길바닥에 누워 돌을 베고 자는 가운데 살아계신 하나님을 만났다. 노숙자처럼, 아무것도 없이 땅바닥에 누워 자고 있을 때, 그의 가면이 벗겨졌다. 그리고 마침내 피조물 야곱으로 하나님 앞에 서 있게 된 것이다.

하나님은 무엇으로 성도의 아름다움을 나타내실까? 그것은 바로 '겸손'이다. 권사님을 통하여 젊었을 때보다 더 아름다운 권사님의 아이처럼 해 맑은 웃음을 통해, 시냇물처럼 깨끗한 순수함과 겸손을 통해 나의 영도 맑아진다. 이처럼 연단 받은 하나님의 백성들은 놀라운 겸손을 가지고 있다.

처음에 하나님이 우리를 낭떠러지로 떨어뜨릴 때는 그분이 원망스럽고 힘들었는데 오히려 그것으로 인하여 하나님의 손에 붙들리게 되었다.

"고난당하기 전에는 내가 그릇 행하였더니 이제는 주의 말씀을 지키나이다"

_시 119:67

그전에는 내가 최고인줄 알고 살았는데 인생이 뜻대로 풀리지 않거나 사업이 망해서 자식들조차 외면하게 되면 그때서야 비로소 자신이 아무것도 아닌 하나의 티끌에 불과하다는 사실을 깨닫게 된다.

어떤 사람이 이러한 고백을 하였다. 자신은 그래도 잘 나가는 사장이라서 항상 사장인 줄 알았는데 회사가 부도가 나서 어쩔 수 없이 경기도에 있는 한 공사장에 막일하러 갔다고 한다. 그런데 그곳에서는 사람들이 자기를 '김 씨'라고 불렀다. 처음에는 적응이 안 되어 "어이, 김씨!" 하는 소리가 다른 사람을 부르는 줄 알고 돌아보니 그 '김 씨'가 바로 자신이더라는 것이다. 이제는 아무도 그를 '김 사장'으로 아는 사람이 없다. 오직 한 명의 '김 씨'일 뿐이다. 그때야 비로소 자신이 얼마나 보잘 것 없는 사람인가를 깨닫게 되었다고 한다.

하나님은 사랑하는 자를 연단하시기 위해 사용하시는 방법이 있다. 그것은 바로 환난과 궁핍 그리고 하나님의 침묵이다. 내가 왜 이런 고통과 환난을 당하는지 그 이유라도 이야기 해 주시면 속이라도 시원할 텐데, 이건 도무지 알 수가 없다. 그러나 묵묵히 하나님의 뜻을 더듬으며 찾아간다. 허구한 날 찬양을 부르면서…

"캄캄한 밤에 다닐지라도 주께서 나의 길 되시고 나에게 밝은 빛이 되시니 길 잃어버릴 염려 없네."

우리는 가끔씩 모든 것을 갖추었는데도 불구하고 끝까지 겸손한 사람들을 볼 수가 있다.

그는 어떻게 이런 고귀한 인격이 되었을까? 자세히 들여다보면 그 이유를 알 수 있다. 그에게 하나님만을 붙잡으라는 '가시'를 붙여주셨거나 지독한 환난과 궁핍 속에서 오직 하나님만을 붙잡는 훈련을 하였기 때문이다.

사도바울에게 붙여주셨던 육체의 가시처럼, 육체의 질병을 안고 하나님만을 바라보고 살아가거나 아니면 부모는 잘 나가는데 자식을 통하여 매일 그분께 무릎을 꿇을 수밖에 없는 그리고 기가 막힌 환경으로 인하여 하나님을 의지하지 않으면 한순간도 살 수 없는 연약함을 통해 말이다. 미쳐버리지 않으려고, 살아남기 위해, 오로지 예수를 깊이 묵상하고, 철저히 낮아지는 훈련, 기도하는 훈련, 강해지는 훈련을 통과하여 정금과 같이 나왔기 때문이다.

내가 정금같이 나오리라

욥은 자신에게 찾아온 고난을 이해할 수 없었다. 왜 재산을 날려야 하는지! 왜 열 남매나 되는 자식들이 하루아침에 다 죽어야 하는지! 왜 몸은 병들어 몸에서 구더기가 나게 하시는지! 쑤시고 아파서 견딜 수가 없었다. 심지어 그의 아내마저 그의 숨결조차 싫어하고 '하나님을 저주하고 죽어라'고 소리쳤다. 더군다나 친구들이 찾아와 위로한다고 말하는 것이 오히려 굴욕처럼, 때로는 모욕처럼 가슴을 파고들었다. 괴로웠다. 자신이 왜 이런 고난을 당해야 하는지 그는 몰랐다. 그러나 이러한 상황에서 욥의 신앙에 진가가 드러났다. 기가 막힌 시련 속에서도 믿음을 잃지 않고 오히려 놀라운 고백을 올려드린다.

"나의 가는 길을 오직 그가 아시나니 그가 나를 단련하신 후에는 내가 정금같이 나오리라" _욥 23:10

아, 참으로 멋진 신앙의 고백이다. 하나님을 신뢰하는 사람은 긍정적이고 소망의 말을 한다. 고난을 감사하게 생각하고, 홀로 부딪히는 이 사건을 통해 나를 강하게 하시는 하나님의 능력을 경험한다. 더, 주님만 바라본다.

나도 처음에는 '죽음'밖에 떠오르는 것이 없었고 미치도록 죽고 싶었다. 덫에 걸린 한 마리 울부짖는 짐승 같았다. 갈기갈기 찢겨 죽어가는 짐승처럼 마음이 찢겨지고 미친년처럼 통곡하였다. 고통을 잊기 위해 계속해서 잠만 잤다. 어쩔 때는 수면제까지 먹어가며 잠을 잤다. 마치 죽는 연습을 하는 것 같았다. 잠을 자면 뭐든지 잊어버릴 수 있을 것 같았다. 그러다가 잠이 깨면 무서웠다. 몸과 마음이 너무 아팠다. 내 곁에는 아무도 없었다. 이러다가 홀로 죽어 발견되겠지? 그렇게 절망의 끝에 이르렀을 때도 생각나는 것은 단 한 가지뿐이었다.

"예.수.님!!!"

오직 예수님 밖에 떠오르는 것이 없었다. 나의 마음속과 머릿속에는 내가 죽도록 사랑하는 예수님 밖에 없었다. 그러면서 찬송가 88장(내 진정 사모하는)을 부르기 시작하였다. 가사 내용이 나의 마음과 똑 같았기 때문이다. 또한 이 찬양은 내가 하나님 곁으로 갈 때 성도들이 마지막으로 불러주기를 원하는 찬양이다.

찬양을 부르면, 이상하게도 눈물이 났다. 온 세상 날 버려도 끝까지 나를 돌보시는 예수님의 사랑이 느껴져 마음이 포근하였다. 나를 붙드시는 주님의 위로가 느껴졌다. 나는 자는 연습을 많이 하였다. 그러나 오히려 그 속에서 살아나는 연습을, 주님 만나는 연습을 많이 하였다. 예수님은 죽은 사람을 가리켜 '잔다.'라고 하였다. 나사로가 죽었다고 모두가 울며 장례까지 치르는데도 불구하고 예수님은 '잔다'고 하였다. 예수님의 죽음관은 '휴식'이다. 쉰다는 말이다. 우리가 낮에 힘써 일하고 밤에 피곤해서 자는 것처럼 죽음이란 그 잠자는 것과 의미가 같다는 것이다. 쉬는 것이다. 그리고 잔다고 하는 것은 그 속에 생명이 있다는 뜻이다.

혹시 당신에게 '죽음'이라고 하는 현상 자체에 대한 두려움이 있는가? '얼마나 괴로울까! 얼마나 아플까! 얼마나 숨이 답답할까!' 하는 그런 생각들 말이다. 우리는 이 죽는 연습을 날마다 한다. 지금은 자지만 깨어날 때가 있다.

"Good Morning!" 하면서, 우리 주님이 웃으면서 맞아주신다. 그리고는 영원히 주님과 같이 있게 하신다. 혼자 두지 않으시고 울음을 닦아 주시며, 사랑하는 주님이 포옹해주신다. 그래서 나는 '죽음'이란 말을 이렇게 표현하는데 공감한다.

'예수를 믿는 자에게 죽음이란 천국, 행복, 그리고 주님을 의미한다.'
(For the follower of Jesus, death means heavens, happiness, and him.)

"형제들아 자는 자들에 관하여는 너희가 알지 못함을 우리가 원치 아니하노

니 이는 소망 없는 다른 이와 같이 슬퍼하지 않게 하려함이라 우리가 예수
의 죽었다가 다시 사심을 믿을 찐대 이와 같이 예수 안에서 자는 자들도 하
나님이 저와 함께 데리고 오시리라"_살전 4:13-14

어둠속에서도 밝은 빛이 있듯이

내 성격은 독립적인 면이 많다. 누굴 의지하거나 아쉬운 소리를 잘 못한다. 부모를 만나 자라오면서도 부모에게 "무엇을 달라" 요구해 본적이 거의 없다. 내가 달라는 말을 거의 안하니 부모도 나를 잘 챙겨주지 않으셨다. 그러나 동생은 달랐다. 동생은 갓난아기 때 모유도 먹지 못하고 심지어 우유도 없어, 할머니가 시래기 국물을 먹여 살려냈다고 한다. 그러니 어머니로서 자식을 돌보지 못한 마음은 평생 동안 다 큰 자식이 된 동생일지라도 "우리 아기", "우리 아기" 하시며 늘 나와는 다르게 편애하였다. 동생이 원하는 것이면 어머니는 다 해주었다. 그런 어머니의 든든한 지지 속에 더군다나 동생은 공부를 잘해 미국에서 유학을 무사히 마쳤다. 나는 물건을 하나 쓰면 10년도 더 쓴다. 심지어 의자하나도 중고 가게에 가서 사는데, 5천 원 주고 산 의자를 지금도 13년째 쓰고 있다. 신발도 누가 주워 가지고 온 것을 수년째 신고 있다. 물건을 하나 사려면 시장을 몇 바퀴 돌아야 간신히 하나를 산다. 그러니 사람들은 동생이랑

나랑 자매인지 잘 모른다. 동생은 세계 곳곳을 돌아다니며 여행을 하는 것을 좋아하고, 나는 한 자리에 머물러 집중하는 것을 좋아한다. 같은 자매이지만 성격도 둘 다 판이하게 다르다.

심지어 개척도 마찬가지이다. 나는 평생 동안 어머니를 제일로 존경해 왔다. 심지어 학교에서 존경하는 인물을 적으라면 남들은 '이순신', '유관순'이라고 적을 때 나는 당당히 어머니의 이름을 적었다. 남들이 처음 듣는 이름이라 고개를 갸우뚱거리며 '누구냐고' 물어오면 서슴지 않고 대답을 하였다.

"응, 우리 엄마"

그 정도로 나의 마음을 차지한 분이기에, 이 일로 인해 다가오는 실망감의 무게는 적지 않았다. 많이 토라졌다. 그래서 어머니에게 도움을 청하지 않았다. 혼자 개척의 길을 걸으며 하나님만을 강하게 붙잡았다. 심지어 어머니를 보좌하는 전도사님이 맛난 음식이나, 도움의 손길을 가져오면 다시는 가져오지 말라고 단호히 거절하였다. 어머니 집 현관에다 도로 가져다 놓고 화가 나서 애꿎은 대문을 발로 '쾅'하고 찼다. 한 번 그랬다. 그런데 이게 뭔 창피인지! 아무도 안 보는 줄 알고 그랬는데 세상에나 맞은편에 계셨던 교회 어른이신 김정수 장로님(가명)에게 들켜버렸다. 어디 쥐구멍이라도 없나 하고 두리번거렸다. 얼마나 창피했던지… 제발 장로님이 까마귀 고기를 먹어 기억이 안 났으면 좋겠다.

그 후로 이런 단호한 마음을 알았는지 우리는 각자의 길을 걸어갔다. 그 무렵 서른 두 살의 한 젊은 작가가 굶어죽었다는 신문기사가 떴다. 그날 하루 종일 마음이 아팠다. 눈만 뜨면 경제대국 몇 위를 자랑해대는 대한민국에서 장래가 촉망되는 한 작가가 병과 배고픔으로 굶어 죽었다는 사실이 나의 처지와 비슷하게 느껴져 더욱 마음이 애달팠다. 그 여자는 얼마나 굶주렸으면 "며칠째 아무것도 못 먹었습니다. 혹시 남는 밥이랑 김치가 있으면 저희 집 문 좀 두들겨주세요."라는 쪽지를 남겨두고 죽었다.

눈물이 앞을 가렸다. 그 여자의 심정을 몸으로 겪어봐서 잘 안다. 월세는 밀리고, 전기는 끊기기 직전이고. 겨울이면 수년을 난방도 없이 추운 방에서 전기장판 하나로 간신히 버티어냈다. 어쩌다 계란말이 하나 먹고 싶어도 가스가 끊겨 손가락만 빨았다. 그때 미숙이가 붙여 놓은 쪽지가 눈에 보였다.

"목사님, 계란말이 해먹을 수 있게 가스 주문했어요."

아, 얼마나 감사한지. 추운데서 지내면서 먹을 것조차 제대로 못 먹어 몸은 늘 병마에 시달렸다. 마음은 항상 무너졌다. 하지만 그럴수록 난 집중해서 주님께 울며 밤새도록 기도했다. 무너져 내려가는 내 자신과 싸웠다. 그러면서 '헝그리 정신'으로 일어났다.

'헝그리 정신' 하면 떠오르는 사람들이 있다. 바로 수십 년 전의 권투선수들이다. 그들은 가난을 벗기 위해, 배고픔으로 탈출하기 위해, 그야말로 악바리로 샌드백을 두들겼고, 그렇게 훈련해서 상대를 때려눕혔다. '너를 눕히지 못하면 내가 굶어죽는다'라는 생각으로 싸웠다.

오래전에 링글린 브러더즈 서커스단이 뉴욕 공연을 할 때의 이야기다. 무대에서는 조련사가 호랑이 네 마리로 재주를 보이고 있었다. 그런데 공연 중 갑자기 정전이 되었다. 그 시간이 비록 1분간 이었지만 관중들은 캄캄한 데서 조련사가 호랑이의 공격을 받게 되지 않을까 두려워하며 모두 숨을 죽이고 있었다. 어둠의 무대에서는 조련사의 채찍 소리만 들려 올 뿐이었다. 드디어 불이 켜지고 조련사가 조금도 흐트러짐 없이 의연하게 서 있는 것을 보자 관중들은 안도의 숨을 내쉬며 기립 박수를 보냈다. 공연이 끝난 뒤에 기자 회견 때 조련사가 이렇게 말했다.

"어둠속에서도 호랑이는 나를 잘 봅니다. 내가 호랑이를 못보고 있다는 사실을 눈치 채게 해서는 안 됩니다. 마치 어둠 속에서도 밝은 빛에 있듯이 행동해야 합니다."

그렇다. 조련사가 어둠속에서도 호랑이를 제압하고 살아남을 수 있었던 것은 흑암 속에서도 빛이 있는 것처럼 당황하지 않고 행동했기 때문이다. 비록 하나님의 뜻이 느껴지지 않아 비틀거리며 인생의 길을 걸어갈지라도, 사탄이 우는 사자처럼 돌아다니며 기회를 엿볼지라도 정신만 차리면 산다.

"내 영혼아 네가 어찌하여 낙망하며 어찌하여 내 속에서 불안하여 하는고 너는 하나님을 바라라 나는 내 얼굴을 도우시는 내 하나님을 오히려 찬송하리로다"_시 42:11

지금은 눈물을 흘릴 때가 아니다

또 다른 여자 집사님의 이야기이다. 그 여자 집사님 역시, 대학 재학 시절부터 인기가 많았다. 지금 뵈어도 상당한 미모를 지녔으니 젊은 시절에는 남들이 부러워할 만한 미모의 소유자였을 것이다. 거기다 능력 있는 남자와 결혼까지 했으니 너무 잘 나가는 케이스여서 모든 친구들의 선망의 대상이었다.

그런데 부러울 것도 없고, 걱정도 없이 살던 그 집사님에게 시련이 닥쳤다. 아이들이 중학교, 고등학교 다닐 즈음, 갑자기 남편이 사고로 눕게 되었고 더불어 경영하던 사업체가 파산지경에 이르러 당장 생계마저 어려운 상태가 된 것이다. 정말 하늘이 노랬다. 손끝에 물 한 방을 묻히지 않고 살던 이 집사님이 가계를 꾸려야 할 판인데 할 줄 아는 것이 하나도 없었다. 가게를 낼 형편도 아니고, 식당에서 그릇이라도 닦고 싶었지만 행동이 느리다고 받아주지 않았다.

애들은 돈 달라고 성화이고, 공과금은 밀려가고, 돈은 이리저리 들어갈 데가 많아 생각하다 못해 농수산물 시장에 가서 채소와 생선을 떼어다 머리에 이고 다니며 팔았다. 어쩌다 만난 남정네가 집적일 때는 서러워 울기도 많이 했다. 평생 해보지 않은 일이라 몸은 고되고 아팠다. 아이들 생각에, 앓아누워 있는 남편 생각에, 몸은 천근만근이지만 그럴 때마다 '예수님'을 생각하며 점차 강해져 갔다.

하루는 어느 동네 골목에서 "생선 사세요." 하며 외치고 가는데, 이게 웬일인지 대학 동창이 저쪽에서 걸어오는 것이다. 순간 이 집사님은 갈등했다. "저 친구를 피해야 하나, 아는 척해야 하나? 저 친구가 나를 보고 뭐라 할까? '잘 나가더니 꼴좋다' 그러지 않을까?" 하는 마음의 갈등이 일어났다. "에이, 내가 나쁜 일하는 것도 아닌데…." 하고는 친구를 에게 다가가 아는 체하였다. 그 순간 그 친구의 얼굴표정이 얼마나 놀랬는지. 그간의 사정을 들은 그 친구는 "남은 생선 다 내려놔" 하면서 생선을 다 사주고는 재정적인 큰 도움까지도 마련해주었다.

우리도 마찬가지이다. 지금 이 순간 내 자신의 아픈 상처때문에 자기 연민에 빠질 틈도 없다.

각종 공과금을 비롯하여 돈 들어갈 곳은 태산이고 가만히 앉아서 생활비를 대줄 사람만 기다리는 것은 감나무 밑에서 입 벌리고 감 떨어지기만 기다리는 것과 똑 같다. 과거에 내가 아무리 대단했었던들, 아무리 내가 좋은 대학을 나왔던들, 그것은 이미 예전의 일이고 지금은 어쨌거나 살아남아야 한다.

우리 예쁜 권사님도 '파출부' 일을 하면서 살아남았다. 교직 생활로 은퇴를 하셨던 장로님도 사업이 실패하면서 살아남기 위해 상가에서 수위로 일하시며 주의 전을 섬겼다. 나 역시 '교회에서 구슬을 꿰는 일을 할까? 빗자루를 만들어 납품을 할까?' 별의 별 생각을 다 하다가 학원에서 아이들을 가르치며 살아남았다. 나중에는 '학습지 교사'까지 하였다.

그때, "주여, 내게 목회만 하게 하옵소서"가 간절한 기도제목이었다. 꼭두새벽부터 밤늦도록 살아남기 위해 얼마나 몸부림쳤는지 몸이 열 개라도 모자랐다. 그 덕분에 교회를 살리기 위해, 목사님들이 신문배달을 하고 야간에 대리운전을 하고 또 거기다 사모님들조차 일터로 내몰리는 고통을 누구보다 잘 알고 있다. 바로 내가 그랬으니까! 그래도 살아남아야 한다. 다윗은 가드 왕 아기스 앞에서 살아남기 위하여 대문짝에 그적거리며 침을 수염에 흘리며 미친 체까지 하면서 살아남았다. 이젠 밖으로 나가자. 나가서 붕어빵이라도 팔자. 새벽에 우유라도 돌리자. 그래서 미친 체까지 하게 되더라도 살아남자. 지금은 눈물을 흘릴 때가 아니다.

일어나라! 일곱 번 넘어졌을지라도

하나님의 백성이 껌처럼 땅에 붙어 버렸다. 인생의 밑바닥까지 '쿵'하고 떨어졌다. 마치 비행기가 땅에 추락한 것처럼. 이렇게 되면 더 이상 재기하기가 어렵게 된다. 요셉이 그러했고, 다윗의 인생도 불시착했다. 그런데 놀랍게도 이 사람들, 진토에 처박힌 것으로 인생을 끝마치지 않았다. 왜냐하면 하나님의 약속이 있었기 때문이다.

"내 영혼이 진토에 붙었사오니 주의 말씀대로 나를 소성케 하소서" _시 119:25

요셉은 마음에 하나님이 주신 이상을 품고 있었다. 17살에 보았던 해와 달과 열 두 별이 절하는 생생한 이상을 10년이 지나도록 가슴에 품고 있었다. 비록 그가 종으로 팔려갔어도 심지어 강간하려 했다는 오명을 뒤집어쓰고 감옥까지 들어갔어도 요셉의 살아있는 영성과 하나님을 향한 믿음을 희미해지게 하지 못하였다.

다윗에게 17살의 나이에 이스라엘의 왕이 될 것이라는 어마어마한 하나님의 약속이 주어졌다. 그러나 현실의 다윗은 암울했다. 온통 '다윗을 잡아 죽이려는 사람'들로 득실거리고, 그저 홀로 버려진 체 불안한 도망자의 삶을 살아야 했다. 게다가 다윗의 대적들이 없어진다는 것은 상상하기 조차 힘든 일이다. 한마디로 '계란으로 바위치기'이다. 쫓는 왕과 쫓기는 쥐새끼였다. 다윗조차 자신에 관하여 표현하기를 '벼룩'같이 쫓기는 신세라고 말하였다. 그런데도 다윗은 하나님의 약속을 놓지 않았다.

"네가 승리자가 될 것이다.
네가 큰일을 행하겠고 반드시 승리를 얻으리라"

하나님의 약속을 소유하고 있는 사람, 하나님의 약속을 품고 있는 사람, 비록 지금은 혼자 인 것 같고 고난의 길을 걸어가는 것처럼 보일지라도 하나님과 함께 하고 있는 사람, 하나님께서 보장해 주신 사람, 그 사람은 절대 패배하지 않는다. 사방에서 우겨 쌈을 당하고 도저히 피할 구멍이 보이지 않는다 하더라도, 그 사람은 절대 패배하지 않는다. 하나님의 약속을 품은 사람은 절대 망하지 않는다.

종종 현실은 우리를 향해 비웃는다. 하지만 약속은 요셉과 다윗에게만 있는 것이 아니다. 그분은 전능하신 하나님이시다. 죽은 자를 살리시고 없는 것을 있는 것처럼 부르는 우리 아버지 하나님이시다.

하나님은
빈털터리의 모습으로 광야로 발걸음을 옮기는 서글픈 나에게,
의기소침해 고개를 떨 구는 나에게,
보장이 없는 미래를 보고 불안해하는 나에게,
어깨를 툭툭 치며 가슴 벅찬 뜨거운 포옹을 해주시며 격려하신다.

"내가 너를 승리하게 하리라! 네 대적들이 다 끊어지리라!

이 길을 주저하지 마라! 내가 너에게 가라고 명하는 길. 이 광야의 저편에서 내가 언약한 너의 왕좌가 기다리고 있다. 나와 함께 이 길을 떠나자."

다윗의 일평생도, 어찌 보면 '현실 감각이 별로 없는' 그런 인생이라고 할 수도 있다. 차가운 바람이 몰아치는 광야에서 쪼그리고 잠을 자는 그렇지만 '왕이 되는 하나님의 약속'을 품은 그의 가슴은 왕의 가슴이었다. 당장 오늘 내일 먹고 살 것이 막막해서 어찌할 바를 모르던 현실 가운데서도 다윗은 '풍요로움을 약속하신 하나님'을 가슴에 가득 채웠다. 그는 오늘에 급급한 사람이 아니라, 분명히 다가올 내일로 인해 풍요로운 사람이었다.

자, 이제 그 놀라운 하나님이 당신에게 두 손을 내밀며 '이제 그만 일어나라' 말씀하신다.

"대저 의인은 일곱 번 넘어질지라도 다시 일어나려니와 악인은 재앙으로 인하여 엎드러지느니라" _잠 24:16

여기서 일곱 번 넘어진다는 말은 꼭 횟수로 일곱 번을 말하는 것이 아니라 넘어질 만큼 다 넘어지고 쓰러질 만큼 다 쓰러져 이제는 더 쓰러질 것도 없는 것을 뜻한다. 이제는 죽음 밖에 없는 상황이다. 실패할 만큼 실패하고 약할 만큼 약하다. 이제는 더 이상의 기회나 희망이 없는 한 번 더 넘어질 여유도 없는 상황이다. 건강도 그렇고 환경도 그렇다. 모두가 더 이상 나빠질 것이 없을 정도로 마지막 단계에 이르렀다. 그런 상황인데도 불구하고 하나님은 우리에게 '일어나라'고 명령하신다.

 조용히 눈을 감고 그 분의 음성을 들어보라. 당신을 안아주시며, 당신의 손을 잡아주시며, 당신의 귓가에 하나님이 부드럽게 속삭이신다.

"너의 평생에 너를 능히 대적할 자 없으리니 내가 모세와 함께 있던 것 같이 너와 함께 있을 것임이라 내가 너를 떠나지 아니하며 버리지 아니하리니 마음을 강하게 하라 담대히 하라 너는 이 백성으로 내가 그 조상에게 맹세하여 주리라 한 땅을 얻게 하리라" _수 1:5-6

 하나님께서 여호수아서를 인용하여 내게 많은 말씀과 위로를 해주셨기 때문에 나는 여호수아 말씀을 좋아한다. 사실 모세는 위대한 인물이다. 천 년에 한 분 나올까 말까하는 위인이다. 그런데 이제 여호수아는 모세가 죽고, 그가 있던 위치에서 그 책임을 감당하려 할 때 모세에 비해서 자신이 너무 부족한 것을 발견하게 된다. 그러나 열등의식에만 갇혀 있지 않고 하나님께서 함께 하신다는 약속을 믿었다. 그리고 용기를 가졌다. 요단강에도 뛰어들었고, 지는 태양을 머물라고 고함을 칠 만큼 자신 있는 삶을 살며 이스라엘의 위대한 지도자가 되었다. 하나님은 여호수아의 하나님만 되신 것이 아니라 바로 나의 하나님, 그리고 당신의 하나님이다. 그 하나님이 지금 당신에게 "일어나라"고 명하신다.

삶의 용기를 상실하고 주저앉아서 절망 가운데 빠진 사람이 있는가? 일어나라. 영적으로 패배한 사람이 있는가? 일어나라. 신앙적으로 힘을 잃고 주저앉아서 한숨 쉬고 탄식한 사람이 있는가? "일어나라"는 말씀에 순종하라. 후회 없는 인생이 되도록 최선을 다하라. 그리고 주어진 것에 목숨을 걸라. 거치른 광야 위에 꽃은 피어날 것이고, 세상은 네 안에서 주님의 영광 보게 될 것이다.

> "나의 대적이여 나로 인하여 기뻐하지 말지어다. 나는 엎드러질지라도 일어날 것이요 어두운 데 앉을지라도 여호와께서 나의 빛이 되실 것임이로다"
>
> _미 7:8

나의 비밀

예전에 나는 주사 바늘만 봐도 무서워 주사를 잘 맞지 못했다. 주사를 맞아야 할 상황이 되면 예수님이 십자가에 못 박히시는 모습을 생각하고 이를 꽉 악물었다. 그런데 이제는 주사 맞는 데도 이골이 났는지 옛날보다 덜 무섭다. 심지어 수술대

위에 올라갈 때에도 예수님을 꼭 생각한다. 그런데 지금은 내가 고통을 당할 때마다 생각하는 예수님 말고 또 다른 분이 있다. 바로 나의 육신의 아버지다. 죽기까지 힘든 고통이 닥칠 때마다 나의 아버지를 생각하고 힘을 낸다.

2000년 5월 30일, 서울에서 공부하고 있었던 나는 아버지가 하나님 품에 안기셨다는 전화를 받았다. 집으로 내려가기 전에 왕성교회 소예배실에서 2시간 동안 울며 기도하면서 마음을 달랬다. 고속버스를 타고 전주로 내려가는 길에 아버지의 모습을 떠올렸다. 고등학교 1학년 때 수업시간에 밖에 누가 찾아 왔다고, 선생님이 나보고 밖에 나가보라고 하셨다. 그곳에는 아버지가 계셨다. 아침에 도시락만 챙기고 숟가락을 안 가지고 갔다고 걱정이 돼서 학교에 오셨던 것이다.

"은총아, 너를 사랑한다. 공부 열심히 하렴." 하시며 수줍게 말씀하시고 숟가락과 얼마 되지 않은 돈을 쥐어 주시며 돌아서 가시는 아버지의 뒷모습이 생각났다. 전주에 도착하자 어머니는 나를 보니 더 눈물이 난다면서 엉엉 우셨다.

"어머니, 울고 싶으면 실컷 우세요. 예수님도 나사로의 무덤에서 우셨어요."
"네 아버지에게 엄마는 최선을 다했어. 네 아버지가 마지막 한 말이 뭔 줄 아니. '눈 앞에 주님이 데리러 천사들이랑 직접 오셨어. 나 이제 주님께로 간다. 우리 은총이와 은혜, 하나님께 맡기었으니 열심히 주의 길 가려무나.' 하셨단다."

아버지는 정말 죽도록 헌신하였다. 한 알의 밀알이 어떠한 것인지 몸소 보여주셨다. 심지어 몸이 점점 안 좋아져 가면서도 내색하지 않으셨고 자신의 몸이 얼마나 아팠는지를 말씀하지 않으셨다. 더군다나 작은 딸은 미국에서 공부를 하고 있었고 나 역시 서울에서 힘들게 공부하고 있는 상황이라 아버지는 그런 자식들을 보며 도움을 주지 못하고 오히려 방해가 될까봐 혼자서 삭이었다.

아버지는 병원에서 한 달 남짓 있다가 하나님께 돌아가셨다. 당뇨합병증으로 인해 비록 다리는 썩어 들어가 잘라내야 할지라도, 이미 육신의 눈은 멀어서 보이지 않을지라도, 아버지는 영안의 눈으로 자신을 데리러 오신 주님의 모습을 보았다. 죽는 순간까지도 최선을 다해 주님을 붙잡았던 아버지의 마지막 모습이 내게 어려운 인생을 헤쳐 나가는 데 큰 힘이 된다.

"아버지, 이 못난 자식을 용서하소서. 아버지의 아픔과 그늘진 모습을 따뜻하게 안아드리지 못했나이다. 또한 아버지처럼 나도 죽는 순간까지 최선을 다해 주님을 붙잡겠습니다."

아버지에게 따뜻한 딸이 되어 살갑게 대하지 못한 것이 평생 눈물을 흘리게 만든다. 아버지는 딸의 아픈 상처와 기억을 두고 아버지 자신의 평생을 놓고 사죄하시며 딸의 고통을 잊게 하셨는데, 그 모습을 외면한 이 딸의 가슴은 비수에 찔린 듯 아프기만 하다.

"주님, 주님을 내 생명보다 사랑합니다."

아직도 아버지의 이 고백이 귓가에 들린다. 아버지는 예수님을 만난 후, 예수님이 그렇게 좋아 주님께 남은 모든 생애를 바쳤다. 아버지는 예전의 좋아하던 것을 해로 여겼고, 그리스도와 함께하는 것을 너무도 행복해 하셨다.

"그러나 무엇이든지 내게 유익하던 것을 내가 그리스도를 위하여 다 해로 여길 뿐더러 또한 모든 것을 해로 여김은 내 주 그리스도 예수를 아는 지식이 가장 고상함을 인함이라 내가 그를 위하여 모든 것을 잃어버리고 배설물로 여김은 그리스도를 얻고 그 안에서 발견되려 함이니"_빌 3:7-9

아버지가 주님을 만나고 나서 많은 사람들이 놀라워했다. 아버지는 하나님과 사람 앞에서 지극히 성실한 사람으로 변하셨다. 심지어 몸무게마저 변하였다. 100kg도 넘는 사람이 70kg도 안되게 날씬해졌다.

아버지는 자상하게 변하셔서 늘 우리와 함께 시간을 보내려고 노력하였다. 하루는 아버지가 우리를 데리고 등산을 가는 길에 아버지의 세상 친구를 만났다. 그 분이 나를 부르더니 의미 있는 웃음을 지으면서 아버지에게 갖다 주라고 '담배' 한 묶음을 주시는 것이었다. 그러나 아버지는 주님을 만난 후, 단 한 번도 담배나 술에 매이지 않았다. 옛날 재래식 화장실의 보기

싫은 구더기처럼, 꿈에도 보기 싫은 흉악한 뱀처럼 그렇게 과거를 흘러 보냈다.

마치 히스기야가 그랬던 것처럼 아버지 역시 과거의 우상들을 잘라내어 버렸다. 술과 혈기와 담배를 좋아하던 자신의 바알우상을 부수어 버렸다. 여자와 세상음란과 무절제한 삶을 살던 아세라 우상을 도끼로 내리 찍어 버렸다. 철저히 결단하며 자신이 섬기던 우상을 향해 내리찍으며 회개하셨다.

"오, 주여, 나를 용서하옵소서. 가증한 마귀에게 속아 인생을 허비하였나이다. 내 인생에 다시는 술과 담배, 여자를 좋아하지 않겠습니다. 다시는 세상과 연애하지 않겠습니다. 하나님, 이제 오직 하나님만 섬기겠습니다. 주님, 나에게 한 번만 더 기회를 주신다면, 이제는 주님을 위한 생애로 살겠나이다."

이것이 아버지 인생의 진정한 자유가 되었다. 세상의 것에 붙잡혀 고통하며 살던 아버지의 지난날의 삶이 이제는 예수 안에서 해방을 맛보았다. 그런 아버지의 결단과 헌신의 삶은 나에게 십자가의 길을 걸을 수 있게 하는 원동력이 되었다.

09

가장 아름다운 향기
- '용서'

당신들이 나를 이곳에 팔았으므로 근심하지 마소서 한탄하지 마소서
하나님이 생명을 구원하시려고 나를 당신들 앞서 보내셨나이다
창 42:5

호수 _주 은총

내 마음은
엊그제 불어온 폭풍우로 인해
회색빛을 띤 호수입니다

속은
미움이란 흙과
노여움이란 돌이
어울려 흙탕물이 되었습니다

아름다움을 잃어 간지도
모른 체
자신의 아픔에만 몰두합니다
그러나 문득
깨닫습니다

이건 아닌데
이건 아닌데

다시
나의 마음에는
이해와 용서와 사랑이라는
산들바람이 불어옵니다

이제
가까이서 보니,
속이 비치는 맑은 물에는
물고기가 뛰어 놀고 있습니다.
"어? 신혼여행 온 물고기도 있네?
어? 저기에는 숨바꼭질하는 아기 물고기이다!"

어느덧
호수는
하늘을 가득담은 푸른빛으로
가득 차 있습니다

오직 예수

　고아원에서 어린 시절을 보낸 한 여인의 이야기다. 고아원에서 고교 3년을 졸업하고 조그만 건설회사에 들어가 그녀는 같은 회사에 다니는 '김태선'(가명)이라는 남자를 만났다. 그는 기독교인이었다. 얼마나 그의 신앙이 신실하던지 총각이지만 직원들은 모두 그를 총각집사라고 불렀다.
　그는 고아로 자라온 그녀를 따뜻하게 감싸 안아 상처받았던 그녀의 마음을 기도로 치료해 주려고 애썼고, 그녀 또한 그런 그에게 만큼은 마음속에 있는 이야기들을 꺼내 놓을 수 있었다.
　그 남자는 몹시 가난한 사람이었는데도 불구하고 한 번도 사는 게 힘들다는 내색하지 않을 뿐더러 사람을 도무지 나쁘게 이야기하는 법이 없었다. 그런 그의 긍정적인 태도는 그녀의 마음조차 평안하게 하였다. 그렇게 둘은 자주 만났고, '아, 이게 사랑인가보다'라는 감정까지 갖게 되었다.

그럴 즈음 우연찮게 고등학교 친구를 따라 시내에 나갔다가 술집을 경영하고 있는 젊은 사장을 만나게 되었다. 그 사람의 이름이 바로 '박태웅'(가명)이었다. 그 사람은 외모도 뛰어나게 잘 생겼고 매너가 세련된 신사였다. '태선'씨와의 데이트는 고작 전철을 타고 여기저기 달리는 것이었고, 커피 한 잔 값을 아끼려고 자동판매기의 커피 한 잔을 뽑아 몇 모금씩 나눠 먹는 데이트였지만 '박태웅'씨와의 데이트는 황홀하였다. 그와 함께 한 호텔에서의 비싼 밥 한 끼는 가난한 밑바닥 사랑의 비참함을 잊어버리기에 충분하였다. 분에 넘치는 '박태웅'의 선물공세에는 신데렐라 공주가 부럽지 않았다.

그러던 어느 날 밤, 계획된 일처럼 그녀는 그에게 강제로 능욕을 당하였고, 그로 인해 그녀는 임신을 하게 되었다. 그 후 그는 차츰 변해갔다. 가끔씩 그녀에게 손찌검을 하는 것은 물론이고 그녀에게 심한 욕과 모욕적인 언행도 서슴지 않았다. 심지어 그는 뱃속의 아기를 위해 모든 것을 견뎌내려는 그녀를 버려두고 어디론가 떠나가 버렸다. 그녀는 이제 그만 죽고 싶었다. 직장도 그만 둔 그녀이었기에 생활고에 시달리면서, 그녀의 마음속엔 사람에 대한 원망의 마음으로 가득하였다. 그런 그녀에게 예전의 '태선'씨가 찾아왔다. 태선 씨 앞에 선 그녀는 너무도 부끄러웠다. 그러나 태선 씨는 예전과 조금도 다름없이 그녀를 대해 주었다. 그는 아직도 그녀를 사랑하고 있다고 고백하였다. 그녀는 믿을 수가 없었다.

 진정, 태선 씨의 사랑에는 거짓이 없었다. 그는 아이를 지우려는 그녀를 말리며 아이를 자신의 아이라고 주변에 알리고 그녀와 결혼을 하였다. 그 후, 그는 아이를 직접 받아서 4년이라는 세월을 아빠가 되어 길러 주었다.

 몸을 아끼지 않고 헌신적으로 청렴하게 일했던 그는 회사에서도 인정을 받아 계속 승진을 하였다. 그들의 사는 형편도 좋아지기 시작하면서 하나님은 그 둘 사이의 아기도 잉태하게 해 주셨다.

 그들이 모든 것을 잊고 행복하게 살기 시작할 때, 그들 앞에 '박태웅'이 나타났다. 인생의 실패자가 된 그 사람은 '아들을 내어 놓던가 사업자금을 내어 놓던가,' 하라고 부부를 협박하였다. 짐승이나 다를 것이 없는 그런 사람이었다. 그녀는 또 다시 '박태웅'을 죽여 버리고 싶다는 살의를 느꼈다. 그러나 그녀의 남편은 달랐다. 오래 고민하지도 않고 방 두 칸의 전세금을 한 칸으로 줄여서 그가 요구하는 금액을 건네주었다. 그러면서 그녀의 남편은 예수님을 믿어야 새 사람이 되어 잘 살 수 있다고 복음까지 전하는 것이다.

 그러나 그는 먹잇감을 앞에 둔 한 마리 늑대처럼 그 후에도 끊임없이 찾아와 그녀와 그녀의 남편을 괴롭혔다. 하지만 그녀의 남편은 그 때마다 아내가 모르게 최선을 다해 그를 도왔다. 그녀의 마음속에는 오직 '박태웅'을 죽이고 싶어 하는 마음으로 가득했다.

지난 해 봄, 시립병원에 입원해 있다는 '박태웅'의 연락을 받고 남편이 달려갔을 때 그는 이미 불치의 간질환으로 죽어가고 있었다. 그는 마지막으로 그녀와 아이를 만나고 싶다고 고백하였다. 하지만 그녀의 생각은 달랐다. '박태웅'하면 몸서리가 쳐질 정도로 거부반응이 났고 아이의 장래를 위해서라도 그가 아버지로 밝혀지는 것이 싫었다. 그러나 그녀의 남편은 그녀와 아이를 강압적으로 그 사람 앞에 데리고 갔다.

"33년이라는 짧은 인생을 살면서 수없이 많은 사람을 만났지만, 남편보다 더 훌륭하고 좋은 사람은 만나보지 못하였노라"며 그렇기 때문에 당신은 "세상에서 가장 행복한 여인"이라는 것이다.

가까스로 울음을 참고 있는 그녀와 그 사람을 번갈아 보던 아이가 "아저씬 누구에요?"라고 물었다. 그 사람은 아이를 눈 속에 새길 듯 오랫동안 지켜보다가 "세상에서 너를 제일 좋아하는 친척아저씨"라는 말에 그녀는 울음을 터뜨리고 말았다.

그제야 그를 죽이고 싶도록 미워했던 미움의 불길이 서서히 꺼지는 것을 느낄 수가 있었다. 용서할 수 없었던 깊은 상처가 뜨겁게 치유되는 것을 느끼며 울고 또 울었다.

남편은 짧지 않은 그의 병원 입원비 마련을 위해서 또 한 번 전세 보증금을 줄여야 했다. 부부가 봉천동 산동네로 이사하던 그날, 혼수상태에 빠져 있던 '박태웅'은 '오직 예수'라는 말을 마지막 유언으로 남기고, 부부의 곁을 떠나갔다.

그날 그녀의 남편은,

"이 세상 살다 떠나가는 날, 우리도 그 사람처럼 '오직 예수!' 할 수 있도록 기도하자"라고 하며 그녀의 손을 꼭 잡았다.

용서는 자신에게 주는 큰 선물이다

용서는 상대를 위해 하는 일이 아니라 결국 나를 다스리는 일이요, 내가 사는 길이다. 용서하지 못해 내 영혼이 망가져가고 있었다. 겉으로 들어나지는 않았지만 속에서는 마치 위장이 '꾸르륵'하는 것처럼 전쟁이었다. 그러나 그것도 잠시, 내 영혼이 바람에 흔들리는 갈대처럼 흔들렸지만 문제를 하나님께 온전히 맡기었다. 불과 며칠 사이에 그렇게 평온을 유지할 수 있었던 이유는 바로 그 순간에 하나님이 붙잡아 주시는 말씀의 영향이 컸다.

> "어떻게 왔든지 그대로 가리니 바람을 잡으려는 수고가 저에게 무엇이 유익하랴 일평생을 어두운데서 먹으며 번뇌와 병과 분노가 저에게 있느니라"
>
> _전 5:16-17

하나님은 내 영혼을 흔들어 깨우셨다. 자꾸만 분노와 번뇌로

병드는 나를 향해 그 분은 전도서 말씀의 한 구절을 들이대셨다. 갑자기 뭔가에 얻어맞은 것 같았다. 내 영혼에 갑자기 찬물을 끼얹은 것처럼 정신이 확 차려졌다.

'그래, 어차피 인생이란 빈손으로 왔다가 빈손으로 간다. 그런데도 그 까짓것으로 인해 괴로워한다면 결국은 평생을 어두운데서 먹으며 번뇌와 병과 분노로 인생이 망가지리라. 잊어버릴 것은 잊어버리자. 그리고 그리스도께 맡길 것은 맡기자.' 결심하였다.

나에게 가장 위안이 되었던 것은 바로 '예수님'이다. 예수님도 그런 상처와 아픔을 당했다. 예수님은 자신이 친히 길렀던 제자, 가롯 유다에 의해 팔려갔다. 심지어 수제자 베드로는 예수님을 세 번이나 부인했다. 그리고 마지막으로 예수님은 십자가에서 아버지에게 조차 버림을 당한 것 같았다. 그럼에도 불구하고, 예수님은 죽어가는 순간에 참으로 엄청난 고백을 하였다.

"아버지여 저희를 사하여 주옵소서 자기의 하는 것을 알지 못함이니이다"

_눅 23:34

만약에 예수님께서 '이놈의 새끼들, 어디 두고 보자!' 말씀하셨다면 어떠하였을까? 예수님은 많은 이적들을 행하시며 병든 자를 고치시고, 죽은 자를 살리시고, 죽은 지 나흘이나 된 나사로를 그의 무덤에서 살아 걸어 나오게 하셨다. 그런데 이런 능력을 가지신 분이 그냥 십자가에 죽으셨다. 그런 능력을 가지신 분이 말없이 십자가를 지셨다. 아, 그야말로 십자가는 사랑의 승리였다.

용서는 상대를 위해 하는 일이 아니다. 용서는 결국 내가 사는 길이다. 분노에서 해방되고, 미움에서 해방되고, 병든 영혼이 자유를 얻고 건강해진다. 그렇다. 용서는 자신에게 주는 최고의 선물이다.

환난은 나를 끊임없이 움직이게 한다

야곱을 생각해본다. 야곱에게 주시기로 하나님이 맹세한 땅은 '가나안'이었지만, 야곱은 가나안이 아닌, 저 멀리 삼촌 라반의 집에서 4명의 아내와 자식들과 안주하게 된다. 그러나 하나님은 삼촌 라반이 야곱을 바라보는 낯빛이 예전과 같지 않은, 야곱의 인생에 시련이 오게 하셨다. 야곱은 이렇게 그들의 박대로 인하여 하나님이 주신 자리로 움직이기 시작하지만 도중에 또 안주하게 된다. 그러자 이번에는 야곱의 인생에 더 큰 환난이 다가왔다. 자신의 딸이 강간을 당한 것이다. 거기다 이에 격분한 그녀의 오라버니들이 그 동네 남자들을 다 죽여 버렸다. 무서움과 공포에 치를 떨며 야곱은 다시 벧엘(하나님의 집)로 향하게 된다.

우리는 때로 인생에 갑작스레 찾아오는 위기들로 인하여 급박하게 움직이게 된다. 나 역시 야곱처럼 내게 주신 고통으로 인하여 내 사명의 자리로 움직이기 시작했다. 밤 낮 기도와 간구로 주님께 나아갔고, 전도의 자리로 나아갔다. 워낙에 수줍음이 많은 성격이라 전도는 내게 큰 부담이었다. 그러나 이제는 그렇지 않았다. 조금씩 부딪히기 시작하였다. 이 세상에서 홀로 남겨진 내게 있어 중요한 것은 죽음 앞에서의 삶이었다. 매일 아침 눈을 뜨면 '오늘 내가 죽음을 맞이한다면 지금 하려고 하는 일을 할 것인가? 이것은 하나님이 기뻐하는 일인가?' 하고 자신에게 늘 물어 보았다. 그리고 그것이 주님이 원하시는 일이라면 주저하지 않았다. 그렇게 최선을 다해 하루를 마감한 후 잠자리에 누우면 죽어도 여한이 없을 정도로 행복했다. 후회가 없었다.

'죽음'을 염두 해 둔 매일의 삶은 인생에 있어서 '어떠한 자세로 살아갈 것인가?' 라는 물음에 해답을 주었다. 망설임과 수치스러움과 실패의 두려움은 '죽음' 앞에선 모두 떨어져나갔다. 다른 사람의 삶을 사느라 인생을 허비하지도 않았다. 다른 사람의 생각이 자신의 내면의 소리를 지배하지도 못하였다. 정말 중요한 것들만 남았다. 그것은 바로 푯대를 향하여 그리스도 예수 안에서 하나님이 위에서 부르신 부름의 상을 위하여 달려가는 일이었다.

나는 죽을 힘을 다해 일어섰다. 그리고 물위를 걸었다. 물에

첨벙 첨벙 빠져 들어 갈 때마다 시편91편을 외웠다.

> "천 명이 네 왼쪽에서, 만 명이 네 오른쪽에서 엎드러지나 이 재앙이 네게 가까이 하지 못하리로다 오직 너는 똑똑히 보리니 악인들의 보응을 네가 보리로다" _시 91:7-8

천 명이 내 왼쪽에서, 만 명이 내 오른쪽에서 엎드러질지라도 '하나님이 나를 살리리라. 그의 명예를 걸고 나를 지키리라.' 때론 허덕이면서, 때론 울면서, 악착같이 이를 악물고 정신을 더 강하게 하였다. 그래, 건강하게 살아남아 내 똑똑히 보리라. 하늘을 향해 손을 드는 자를 하나님이 어떻게 대우하시는지를 깨닫게 되리라.

핍박과 고난은 사람을 더 많이 강해지게 한다. 더군다나 강하게 훈련시키는 하나님의 뜻을 알고 나면 오히려 감사가 풍부해진다. 이 환란으로 인하여 부지런해진다. 밑바닥까지 온전히 더 내려간다. 기도가 절실해진다. 하늘을 향해 손을 높이 들게 되며 주님의 도우심이 아니면 할 수 없는 큰 기적들을 맛보게 된다. 뿐만 아니라 오히려 나를 핍박하는 그들을 긍휼을 가지고 바라볼 수 있는 여유를 가지게 된다.

힘이 있고 봐라!

초등학교 다닐 때 부모의 돌봄이 없던 때라, 동네사람들은 '엄마'없는 아이에다, 술주정뱅이 딸이라고 수군수군하였다. 더군다나 밥도 제대로 못 먹을 정도로 가난하니 뼈만 앙상했다. 보육원에 있는 아이들에게 '새우깡'이라도 하나주면 도무지 남에게 나누어 주지를 않았다. 궁핍하기 때문에 자기 밖에 모른다. 내가 그랬다. '지우개'하나, '도화지'하나 없는 처지에, 어쩌다 지우개 하나를 얻으면 얼마나 애지중지 했는지 모른다. 짝꿍이 지우개 한 번 빌려달라치면 죽어도 안 빌려줬다. 심지어 둘이 앉는 책상에 문구용 칼로 금을 반절 그었다. 넘어오면 알아서 하라고 협박하면서. 그러니 만나는 짝꿍마다 사이가 안 좋았다. 자라날수록 욕도 늘어났다.

그런 내게 인생의 반전인 키다리 아저씨를 만났던 것이다. 전폭적인 지지와 사랑 그리고 미래를 열어준 키다리 아저씨는 바로 하나님이시다. 하나님과의 인격적 만남으로 인해 삶이 긍정적이고 따뜻하게 변했다. 그러자 주위의 얼어붙은 것들이 따뜻해지기 시작하였다. 마음이 따뜻해지고 친구가 따뜻해졌다. 받은 사랑으로 인해 사랑을 나누어 줄줄 아는 사람이 되었다.

용서하기 힘든 사람을 용서할 수 있는 비결은 먼저 자신의 인생이 따뜻해지는 것이다. 그러면 여유가 있다. 상대방의 입장에서 생각할 수 있는 넉넉함이 채워진다. 자신이 먼저 힘이 있고 경제력이 있고 가정이 안정을 찾으면 인생은 절로 따뜻해진다. 요셉은 어머니를 일찍 여의고 인생에서 생각할 수도 없는 심한 상처를 받았다. 형들이 종으로 팔아버렸던 것이다. 요셉은 살아남기 위해 별별 일을 다 겪었다. 강간범으로 오인 받기도 하고 그것으로 인해 옥살이도 했다. 그런 요셉에게 기가 막힌 반전으로 한 나라의 국무총리가 된 것은 물론이요, 예쁜 아내와 자식까지 거느리게 된 것이다. 그것은 고통으로 오랜 세월을 보낸 설움들을 한순간에 잊어버릴 수 있는 기가 막힌 '로또'였다.

요셉이 얼마나 행복한지 자식을 낳으며 이름을 이렇게 짓는다.

"요셉이 그 장자의 이름을 므낫세라 하였으니 하나님이 나로 나의 모든 고난과 나의 아비의 온 집일을 잊어버리게 하셨다 함이요 차자의 이름을 에브라임이라 하였으니 하나님이 나로 나의 수고 한 땅에서 창성하게 하셨다 함이었더라" _창 41:51-52

자신이 입에 풀칠하기도 힘들 정도로 어려운데 어떻게 다른 사람의 처지를 이해할 여유가 있을까? 요셉이 감옥에서 나와 '전과자'에 가정도 없이 떠돌아다녔다면, 형제들을 볼 면목이라도 있었을까? 잠언에서는 "그가 가난한 즉, 형제라도 멀리 도망간다."고 했다. 과연 가난한 요셉을 보고 형들이 좋다고 했을까? 어쩌면 처음에는 미안한 마음에 잘해 주었을지 모르겠다. 그러나 그것이 얼마나 갔겠는가?

그러므로 용서하기 위해서라도 따뜻한 인생이 되자. 평안을 되찾기 위해서라도 힘이 있는 인생이 되자. 솔직히 힘이 없으면 무시를 당한다. 당해본 자가 그 서러움을 알고 피눈물을 이해하는 법이다. 힘이 있어야 할 말을 하고 교회가 탄탄해야 지탄을 받지 않고 다른 사람에 의해 좌지우지되지 않고 줏대를 지키게 된다.

하나님이십니다

성경에는 감격적인 장면들이 많이 있지만 창세기 45장만큼 감격적인 장면은 흔치 않다. 감격의 극치라고 할 수 있는 장면이 요셉에게 나타난다. 그것은 요셉이 고생을 많이 했기 때문에 올 수 있는 순간이었다. 온갖 고생을 한 끝에 22년 만에 나타난 감격의 자리이다.

얼마나 보고 싶은 그런 자리였을까? 나는 이런 기다림과 환희에 관하여 잘 알고 있다. 나는 어머니와의 첫 만남을 잊지 못한다. 전주에서 처음 어머니를 만난 날, 어머니는 내게 가장 사고 싶은 것을 사라고 하셨다. 그 말을 들은 순간 나의 기분은 하늘을 날아갈 듯 했다. 너무 좋아서 어쩔 줄을 몰랐다. 내가 그때 평생에 가지고 싶었던 것은 바로 '스케치북'이었다. 그림

그리는 것을 좋아했지만 단 한 번도 가져 보지 못했던 '스케치 북'. 나는 어머니에게 돈을 받아들고 문구점을 찾아 갔다. 스케치북 하나 사들고 문구점을 나왔지만 이 일을 어떻게 할까! 집을 찾아 가는 도중에 길을 잃어 버렸던 것이다. 오후 2-3시에 나와 길 잃어버린 고양이 마냥 이 골목 저 골목을 헤매었다. 어느새 날은 어두워져 갔고 다리는 아파오고, 점점 지쳐갔다. 그때 눈앞에 있는 어느 가게로 들어갔다.

"아주머니, 나 길 잃어버렸어요. 어떻게 하면 좋아요."

그때, 아주머니는 내게 차근차근 물어 보더니, 동네 방송부터 시작해 여기 저기 수소문하기 시작하여 밤 9시가 훨씬 넘은 시간에 드디어 어머니를 찾을 수 있었다. 비가 주르륵 내리는 캄캄한 밤에 어머니는 우산을 들고 달려왔다. 자식을 만난 바로 첫 날에 자식을 잃어버린 어머니의 얼굴이 얼마나 놀랬는지 어머니는 그날을 오랫동안 잊지 못하셨다. 그날 밤 우리는 얼마나 감격에 겨웠는지 다시 만나게 하신 하나님을 찬양하였다.

요셉 역시 17살에 집을 떠나서 이제 30살에 총리가 되었고 39살이 되어서야 형들과 대면할 수 있게 되었다. 그 놀라운 감격의 자리에서 요셉은 '보복당할까' 두려워 떨고 있는 형들에게 이렇게 말한다.

"당신들이 나를 이곳에 팔았으므로 근심하지 마소서 한탄하지 마소서 하나님이 생명을 구원하시려고 나를 당신들 앞서 보내셨나이다 이 땅에 이 년

동안 흉년이 들었으나 아직 오 년은 기경도 못하고 추수도 못할지라 하나님
이 큰 구원으로 당신들의 생명을 보존하고 당신들 앞서 보내셨나니 그런즉
나를 이리로 보낸 자는 당신들이 아니요 하나님이시라 하나님이 나로 바로
의 아비를 삼으시며 그 온 집의 주로 삼으시며 애굽 온 땅의 치리자를 삼으
셨나이다" _창 45:5-8

사실, 요셉은 형들이 자기를 팔았기 때문에 당한 고통이 말로 다 할 수 없을 만큼 컸다. 그러나 그것을 형들의 잘못으로 돌리지 않고 하나님의 섭리로 받아들인 요셉은 자신에게 다가오는 고난에 대하여 불평하거나 짜증내지 않았다. 절대자인 하나님께서 내 인생을 주관하시며 내 인생의 마지막은 하나님의 축복이 될 것이라는 것을 믿었다.

그런 요셉의 태도를 바라보며 나 자신을 되돌아보게 된다. 하나님께 이런 일을 겪게 하신 것을 '감사하다.'라고 고백하지만, 이 글을 적어가면서 내 안에 얼마나 모순된 감정들이 있었는지 적나라하게 들여다보게 되었다. 어둡고 격한 감정의 글들은 다른 사람의 마음에도 격한 마음과 거부감이 들게 했다.

만약, 요셉이 일련의 고통을 겪으면서 그의 마음속에 하나님을 신뢰하지 못하고 부정적인 마음으로 인생을 살아갔다면 어떠하였을까? 만약에 그러했더라면 요셉이 하나님으로부터 창성한 축복을 받았을지라도 얼마나 하나님께 미안한 마음이 들었겠는가? 하나님의 계획하심을 알았더라면 '내가 그들을 더욱

더 기도하고 사랑으로 품어줄 것을.' 하고 후회하지 않았을까. 점점 하나님의 빛이 내게 비출수록 부끄러워진다. 내 영안이 어두워 하나님이 내게 계획하신 아름다운 선善들을 바라보지 못함을 회개한다. 하나님은 우리의 인생을 주관하실 뿐만 아니라 인간 역사를 운행하시고 그 운행하심에 우리를 사용하시는 분이다. 그런 분을 믿고 사는 우리의 모든 고난은 결국 축복의 잔치로 끝나게 될 것이다.

"하나님을 사랑하는 자 곧 그 뜻대로 부르심을 입은 자들에게는 모든 것이 합력하여 선을 이루느니라" _롬 8:28

10
더 큰 마음의 각오를 하라

네가 보행자와 함께 달려도 피곤하면 어찌 능히 말과 경주하겠느냐
네가 평안한 땅에서는 무사하려니와 요단의 창일한 중에서는 어찌하겠느냐
렘 12:5

어느 전도자의 하루 _주 은총

나는 전도자입니다
하나님의 능력을 덧입고
하루를 시작합니다

가슴에는 영혼을 향한 사랑을 품고
입술로 예수 그리스도의 복음을 전합니다
두 발로 집집마다 돌아다니며
복음을 부지런히 나릅니다

'농부가 싹이 나지 아니할까'
애타는 것처럼
나의 마음도 안달입니다

때론, 실망을 이겨내며
성실함으로
자신을 다독거립니다.

"그래, 눈물을 흘리며 씨를 뿌리는 자가
기쁨으로 거두는 법이야."

오늘도 나는
영혼을 향한 사랑의 눈물로
가슴을 적십니다

그의 영혼을 위해 기도하다

우리에게 때론 누군가 죽기보다 싫을 정도로 힘들게 하는 사람이 있다. 인생을 살다 보면 미칠 정도로 앞뒤가 막히고, 억울하고, 절망적일 때가 있다. 그런데 이런 힘든 상황을 친구나 사람들에게 털어 놓으면 소문이 부풀려지거나 마치 벌레 보듯이 상대방이 슬금슬금 피한다. 그런데 그것이 더 마음을 아프게 하는 때가 있다. 이럴 때 우리의 상처가 깊어지지 않도록 몸부림치며 남모르게 흘리는 기도의 '눈물'이 있다.

우리는 기도를 시작할 때와 하늘 문이 열려 기도가 올라 갈 때의 마음이 달라지는 것을 많이 경험한다. 그렇게까지 미운사람도 기도를 하고 나면 예뻐 보이고, 그렇게까지 불안했던 마음도 기도를 하고 나면 얼마나 평안하고 기쁨이 넘치는가.

다윗의 일생동안 많은 사람들이 그를 힘들게 했다. 특별히 다윗은 인간적으로 가장 가까운 사람들로부터 어려움을 당하였을 뿐만 아니라 사울 왕과 같이 강하고 조직적인 권력을 가진 자가 괴롭히기도 하였다. 오죽하면 다윗이 이렇게 고백하였으리라.

"여호와여 나의 대적이 어찌 그리 많은 지요 일어나 나를 치는 자가 많소이다" _시 3:1

정말, 다윗의 일생은 끊임없는 대적들과의 싸움이었지만 오히려 그런 사람들 때문에 하나님을 더 가까이 하게 되고, 간절한 기도의 눈물을 흘리게 된다. 다윗이 쓴 시편을 보면 하나님 앞에서 우는 다윗의 모습을 많이 발견할 수 있다. 다윗은 얼마나 울었던지 자신이 흘린 눈물을 한 번 담아보라고 한다. 거기다 한 걸음 더 나아가 다윗은 이러한 고백까지 한다.

"내가 탄식함으로 곤핍하여 밤마다 눈물로 내 침상을 띄우며 내 요를 적시나이다" _시 6:6

다윗이 얼마나 울었으면 침대가 눈물로 인하여 둥둥 떠다닌다는 것인가! 참 기가 막힌 표현이다. 골리앗을 때려눕힌 장수요, 전쟁의 영웅이었던 다윗, '남자' 중의 '남자'였던 다윗이 하나님 앞에서 통곡하며 울었다. 그러면서 다윗은 많은 영적인 체험을 하고 은혜를 받게 된다. 그들을 인간적으로 대적하지 않았고 보복하지 않았던 것이다. 오히려 모든 것을 하나님께 맡기고 인내하며 기도하였다. 심지어 다윗은 모든 권력을 손에 쥐게 되었을 때에도 자기를 괴롭게 했던 자들을 불쌍히 여기고 최대한의 관용과 사랑을 베풀어 주었다.

이제 우리도 하나님 앞에 우리의 문제를 가져가자. 그러면 그 분이 친히 눈물을 닦아 주시고, 위로하여 주시고, 안아주신다. 어느 새, 내 마음 속에 있던 서운한 마음이 사라지고 그리스도의 사랑이 내 안에 풍성하게 거하게 된다. 아, 내 눈이 어떻게 되었나 보다. 나를 힘들게 한 사람 조차 사랑스럽게 보인다. 그의 영혼이 측은하고 불쌍하게 보인다. 나의 마음은 한없는 축복을 빌며 그를 위해 기도하고 있다.

더 큰 마음의 각오를 하라

예전에 '하나님만 신실하게 사랑하는 사람들이 왜, 어려움을 당할까?'하는 의문을 가진 적이 있었다. 왜 믿는 사람이 불신자보다 가난하고 헐벗고 병들어 안 믿는 사람들에게 업신여김을 당할까? 좀 잘 살아서 대적들의 입을 잠잠하게 하면 어때? 안 믿는 자들의 기를 팍 꺾어주면 좀 어때? 봐라, 하나님이 이렇게 살아계시지 않냐? 하고 하나님이 나와 동거함을 만민이 알면 얼마나 기쁠까?

예레미야는 하나님 뜻대로 살려고 노력하였다. 세상향락을 버리고 심지어 결혼도 포기하면서까지 하나님께 순종하였다. 세상에 눈을 돌리지 않고 하나님만 바라보면서 사는데도 이 세상에 나같이 고생하는 사람이 없다고 느낄 만큼 어려움을 당하였다. 오히려 불순종하는 사람들은 더 잘되어 가고, 예레미야는 끊임없이 어려움과 핍박을 당하였다. 예레미야는 견디다 못해 상심하여 하나님께 "악한 자의 길이 형통하며 패역한 자가 다 안락함은 무슨 이유입니까? 주께서 그들을 심으시니, 그들이 뿌리가 박히고 장성하여 열매를 맺는 것 아닙니까? 그런데 하나님, 그들은 입으로는 '하나님'을 찾지만 그들의 마음은 멉니다"(렘12:1-2) 라고 쟁변하였다.

당시의 유다 백성들의 입은 주께 가까우나 그들의 마음은 하나님에게서 멀리 떠났다. 오직 형식만이 남아있을 뿐이었다. 그런데 하나님은 어찌하여 그들을 정착시켜 주시고 뿌리 박히게 하시고 장성하게 하여 세상에서 그들이 좋아하는 열매를 먹으며 즐거워하게 하는지 그 이유에 대해 물어 보았다.

"네가 보행자와 함께 달려도 피곤하면 어찌 능히 말과 경주하겠느냐 네가 평안한 땅에서는 무사하려니와 요단의 창일한 중에서는 어찌하겠느냐"

_렘 12:5

즉 이 말은 '네가 그만한 것으로 상심하면 어떻게 하니? 천

천히 걸어가는 사람과 경주하며 벌써 피곤하다고 하면, 말과 함께 달리게 되면 그 때는 어떻게 달리겠느냐?' 라는 말이다. '앞으로 평안한 땅만 지날 것이 아니라 넘치는 요단강도 있단다. 그러므로 이겨내라. 용기를 내고 분발하라.'는 숨은 질책과 하나님의 격려가 담겨 있다.

예레미야는 고향 아나돗 사람들에게 핍박받아 무척 괴로웠다. 여기서 하나님이 말씀하신 '보행자, 평안한 땅'은 '작은 환난'을 가리킨다. '말, 요단의 창일함'은 앞으로의 임할 큰일을 가리킨다. 예레미야가 고향 사람들에게 배척당하여 고통당하는 것은 장차 임할 큰 환난에 비하면 작다는 것이다. 현재 임한 작은 환난을 이겨 나가지 못하면 앞으로 올 큰 일을 감당할 수 없다는 뜻이다. 우리가 지금 가까운 사람들에게 배척당하고 애매히 고난 받는 것은 보행자와 함께 가는 것과 같고 평안한 땅에서 걷는 것과 같다. 이 정도의 것을 힘들다고 하면 이 다음에 말과 경주하는 것과 요단강의 창일함과 같은 큰 환난 때에는 어찌 감당할 수 있겠는가?

그러므로 이제 놋성벽, 쇠기둥이 되자. 아니, '놋성벽, 쇠기둥이 되게 하옵소서.'하고 주님께 간구하자. 권투선수들은 때리는 연습도 하지만 맞는 연습도 한다. 맞다보면 맷집이 좋아져 웬만한 펀치에는 끄덕도 안하게 되고, 결국 그것이 챔피언이 되는 요인으로 작용한다. 쇠도 뜨거운 불에 달구고 두들겨서 담금질을 해야 강해진다. 고난과 환난은 우리를 단단하고 야물게 한다. 이렇게 남다른 노력을 해서 마침내 성공했을 때의 희열은 세상의 그 무엇과도 바꿀 수가 없다. 그런 성취감은 더 큰 도전으로 이어지고 결국 어느 틈에 자신의 그릇은 남의 그릇과 비교할 수 없을 만큼 커지게 되는 것이다.

"보라. 내가 오늘날 너로 그 온 땅과 유다왕들과 그 족장들과 그 제사장들과 그 땅 백성앞에 견고한 성읍, 쇠기둥, 놋성벽이 되게 하였은즉 그들이 너를 치나 이기지 못하리니 이는 내가 너와 함께하여 너를 구원할 것임이니라"

_렘 1:18-19

Christian Story

언젠가 빛을 발하는 날이 온다.

몇 해 전에 '유리처럼 맑은 기업을 꿈꾸다'는 제목의 최태섭 회장에 관한 이야기가 전기로 나왔다. 그의 삶은 그리스도인으로서 인생을 어떻게 살아갈지에 관하여 잔잔한 감동을 안겨준다. 그에 관한 일화 하나를 소개한다.

은행에서 대출을 받아 작은 규모의 상업을 하던 최태섭 장로는 전쟁 중에 중공군의 개입으로 피난길에 오를 준비를 하던 중 은행에서 받은 대출을 갚아야 할 기일이 다가오자 돈을 준비해 은행을 찾아갔다. 거리는 폐허가 되고 은행에는 출납계원 혼자 남아 서류를 태우고 있었다. 최태섭 장로는 그 직원에게 서류를 보여주며 "빌린 돈을 갚으러 왔습니다."라고 말했다. 그러자 그 직원은 난처해하며 "전쟁 통에 높은 분들은 모두 부산으로 갔습니다. 그리고 은행 장부가 어디 있는지도 모릅니다. 돈을 빌려간 대부분의 사람들은 돈을 갚지 않는데 갚으시게요?"라고 말하였다.

순간적으로 최태섭 장로는 '돈을 주어도 직원이 자기 호주머니에 넣으면 소용이 없겠지?'라는 생각을 하였다. 그때 그의 마음에 성경 한 구절이 파고들었다.

"여호와의 산에 오를 자 누구며 그의 거룩한 곳에 설 자가 누구인가 곧 손이 깨끗하며 마음이 청결하며 뜻을 허탄한데 두지 아니하며 거짓 맹세하지 아니하는 자로다 그는 여호와께 복을 받고 구원의 하나님께 의를 얻으리니" _시 24:3-5절

10 더 큰 마음의 각오를 하라

최 장로는 마음을 돌이켜 돈을 갚기로 다짐하고 대신 은행 직원에게 영수증에 직원의 인감도장을 찍어달라고 부탁했다. 그 뒤 가족을 데리고 제주도에 간 최 장로는 우연한 기회에 군부대에 무를 공급하는 일을 하게 되었고, 그의 정직함에 감탄한 사령관의 도움으로 생선을 공급하는 일까지 맡게 되었다. 갈수록 물량이 많아지자 최태섭 장로는 원양 어선을 구입해야겠다고 마음먹고 융자를 받기 위해 부산은행 본점을 찾아갔다.

그러자 은행에서 일언지하에 거절을 당하고 만다. 은행 문을 나서려던 중 갑자기 서울에서 자기가 갚은 빚이 잘 정리되었는지 궁금한 생각이 들어 그때 받은 영수증을 꺼내 직원에게 보여주며 확인을 부탁했다. 그런데 직원이 그 영수증을 본 순간 깜짝 놀라는 것이 아닌가.

"아, 바로 당신이었군요. 중공군이 서울에 들어오기 몇 시간 전에 빚을 갚은 사람이 있다고 들었을 때 '세상에 이런 사람도 있구나!' 생각했는데… 당신의 이야기는 은행가의 전설이 되었습니다. 당신을 은행장님께 안내하고 싶은데 잠깐 따라오시지요."

직원에게 최태섭 장로를 소개받은 은행장은 그의 손을 잡으며 이렇게 말했다.

"당신 같은 사람이 있으니 한국은 소망이 있습니다. 당신은 정직한 기업의 모델입니다." 최태섭 장로는 이 일을 계기로 원양어선을 구입할 수 있었고, 원양어선을 담보로 은행과의 좋은 관계도 계속 유지할 수 있었다.

그에 관한 이야기는 이것뿐만이 아니라 사랑이 충만했던 신앙생활을 비롯하여, 그의 따뜻하고 넉넉한 삶의 자세를 그에 관한 책에서 엿볼 수가 있다. 이렇게 그는 어려운 역경을 정직과 인내로 견디어내었다. 그렇기에 그의 삶은 밤하늘의 별처럼 더욱 반짝 거렸는지 모른다.

견디어내다

하나님은 사랑하는 자들에게 먼저 '큰 시련'을 주신다. 이 무서운 시련을 통하여 하나님 앞에서 철저하게 '자신'이 아무것도 아니라는 것을 깨닫게 하신다. 그래서 하나님은 나중에 이 사람을 아무리 축복하셔도 타락하지 않을 정도로 연단을 시키신다. 모세 같은 사람은 미디안 광야에서 무려 40년을 썩어야만 했다. 다윗은 왕이 되기 전에 많은 연단을 받아서 왕이 되고 난 후에도 자기는 하나님이 없으면 아무것도 아니라는 것을 뼈저리게 깨달았다.

바울 역시 사도로서 하나님의 능력, 곧 성령의 능력을 가짐은 그가 처한 환경에 굴하지 않고, 그를 둘러싼 여건에 낙담하지 않고 견뎠기 때문에 얻을 수 있었다. 그는 주리고 목마르며 헐벗고 매 맞으며 정처가 없고 후욕과 핍박을 당하고 만물의 찌끼 같은 삶 속에서도 도망치지 않고 이를 견디어 냈기에 하나님의 각별한 은총과 성령의 능력이 더욱 그에게 임하였다.

하지만 그러기가 어디 쉬울까? 대개는 조금만 힘들어도, 조금만 어려움이 와도, 조금만 손해가 와도 손 털고 뒤도 안 돌아보고 일어나는 것이 일반적이다. 그러나 이 세상 어디에도 공짜는 없다. 무엇이든 반드시 대가가 있기 마련인데 승리자가 반드시 치러야 할 대가는 바로 오래 견디는 것이다.

나 역시 그랬다. 오랫동안 길이 열리지 않으니 마음이 위축

될 대로 위축되었다. 세월만 축내다 썩혀진 인생이 아닌가? 하고 점점 용기를 잃어 지칠 대로 지쳐만 갔다. 때론 마음이 무너져 이제 '그만 하고 싶다'라는 생각밖에 없었다. 그런 마음을 이기고, 또 이기고, 그 힘든 마음을 하나님께 매일같이 내려놓았다. 그러면 어느 새, 내 영혼이 깨어나 마음이 상쾌해지는 것을 느꼈다.

"그래, 나는 썩어지는 것이 아니라 '산삼'이라고. 그것도 100년 된 산삼처럼 귀한 존재라고. 더군다나 하나님이 주신 꿈은 절대로 죽지 않아. 하나님의 뜻은 이루어지지 않는 것이 없어. 때가 되면 하나님이 내게 약속하신 대로 반드시 사용하실 거야."

이렇게 내 자신을 보고 말하는 나를 하나님이 발견하고, 저 멀리서 나를 위로하려고 달려오신다.

> "보라 네게 노하던 자들이 수치와 욕을 당할 것이요 너와 다투는 자들이 아무것도 아닌 것같이 될 것이며 멸망할 것이라 네가 찾아도 너와 싸우던 자들을 만나지 못할 것이요 너를 치는 자들은 아무것도 아닌 것 같이 허무한 것같이 되리니 이는 나 여호와 너의 하나님이 네 오른손을 붙들고 네게 이르기를 두려워 말라 내가 너를 도우리라 할 것임이니라" _사 41:11-13

이 얼마나 놀라운 약속인가? 나는 하나님이 주신 말씀을 몇 번이고 되새기며 내게 주어진 자리를 견디어 냈다.

'오히려 그들이 수치와 욕을 당할 것이요, 아무것도 아닌 것

같이, 허무한 것같이 되리라.'

　인내란 '있던 자리에 그대로 있는 것, 즉, 하던 일을 그대로 하는 것'이다. 그런데 사람들이 힘들 때 일수록 도망을 간다. 남편이 힘들게 하니 가정을 버리고 도망을 가고, 교회가 힘드니 교회를 떠나간다. 나는 교회 안에서 이런 모습을 많이 보아왔다. 어떤 분은 자신의 본 교회에서 장로직분을 안 준다고 우리 교회로 옮기고 싶다고 찾아 온 사람도 있다. 그 분을 정중히 타일러서 돌려보냈다. 요즈음 정계만 철새가 있는 것이 아니라 교회 안에도 이리 저리 떠도는 철새가 많다. 말씀 찾아, 능력 찾아 오늘은 이 교회, 내일은 저 교회 찾아다니는 사람들이 있다. 그래서 머리만 잔뜩 커가지고 '저 목사는 이게 나빠, 이 목사는 저게 틀렸어.' 하며 자기 잣대로 목사를 평가하는 사람들이 있다. 그러게 '유리하는 별'을 볼 때, 얼마나 마음 아픈지 모른다.

　우리의 신앙생활에는 은혜만 받는 것은 아니다. 때론 상처도 많이 받는다. 심지어 목사님의 말 한마디가 상처가 되어 교회를 떠나고 싶을 때도 있다. 그러나 나무도 뿌리가 있어야 거목이 되는 것이다. 뿌리가 없으면 바람이 조금만 불어도 넘어지게 되어 있다. 한 곳에 뿌리를 내리지 못하고 오늘은 이 땅이 좋으니 여기에 심고, 내일은 저 곳이 옥토니 저 곳에 심어보라. 반드시 죽게 되어 있다. 한국 땅에 집이 많다고 다 내 집이 아니고, 모든 여자가 다 내 여자가 아니듯, 목자도 내 목자가 있는 것이다.

복음이 꽃을 핀다는 것은 그 곳에 누군가의 눈물과 헌신과 피가 뿌려졌기 때문이다. 특히 개척의 길을 걷는 사람들, 그리고 그곳에서 가난과 더불어 열악한 환경을 견디어 내며 목회자의 곁을 지킨 소수의 성도들. 아, 그들의 충성과 끊임없는 노력은 눈물겹도록 애절하다. 내 목숨이 끊어진다 한들 어찌 그들의 헌신을 잊을 수 있으랴.

이젠 힘들 때 일수록 하나님이 내게 주신 자리를 굳건히 견디어내자. 지금 뛰쳐나가면 살 것 같겠지만 아니다. 참자! 견디어 내자. 그것이 능력이다. 환난의 터널 속에 들어가면 적어도 10년 동안은 잘 참고 고비를 넘겨야 하는 법이다. 봄, 여름에는 나무가 잘 자라지만 겨울에는 잎이 다 떨어져서 앙상하게 가지만 남는 것을 볼 수 있다. 그런데 그렇게 죽은 것 같던 나무도 봄이 되면 다시 잎이 돋아나고 가을에는 열매를 맺기 마련이다. 이 세상에 고난이 없는 영광은 없다. 죽음이 없는 부활은 없는 것이다. 내 힘으로 안 되니 하나님께 엎드려 '오, 주님, 견딜 수 있는 힘을 내게도 허락하옵소서.'라고 기도하면서 견디면 그 때 주님이 찾아오신다.

"그 영광의 힘을 좇아 모든 능력으로 능하게 하시며 기쁨으로 모든 견딤과 오래 참음에 이르게 하시고" _골 1:11

100년 된 산삼이 사람을 선택한다

유년기를 첩첩 산골에서 보내던 중에 잊혀 지지 않는 기억이 있다. 산골에 살면 뱀을 잡으러 다니는 사람들은 흔히 볼 수 있는 장면이다. 허리춤에 잡은 뱀을 흰 자루에 동여매고 그들은 그렇게 뱀을 잡으러 다녔다. 또 어떤 사람들은 산삼을 캐러 온 산을 뒤지고 다닌다. 산골에 앉아 있으면, '누가 산삼을 캤다느니, 돈을 얼마나 벌었다느니' 하는 이야기를 심심찮게 들을 수 있다.

첩첩 산중에 100년 된 산삼 하나만 발견 되면 굉장한 횡재다. 한 순간에 팔자가 핀다. '아, 이젠 이 지긋지긋한 가난에서 탈출이다. 야호!!!' 그러나 불행히도 100년 된 산삼은 아무에게나 발견되는 것이 아니다. 100년 된 산삼이 주인을 선택한다.

우리가 바로 그렇다. 하나님은 나를 '100년 된 산삼'처럼 귀하게 부르셨다. 우리는 광야에서 썩혀지는 인생이 아니라 정금으로 나오게 하기 위하여 훈련하실 뿐이다.

세상의 많은 사람들도 자신의 가치를 높이기 위해 스펙을 갖춘다. 공부하고, 필요한 학위를 따고, 거기에 몸매를 가꾸고, 필요하다면 성형수술까지도 감행한다. 더불어 인격적인 훈련도 병행한다. 하물며 하나님의 일꾼인 우리가 무슨 말을 더 할 수 있으랴.

100년 된 산삼, 흔하지 않다. 하나님의 연병장인 광야로 부르실 때에 원망으로 대답하는 것이 아니라 부지런히 '칼'을 갈자. 노력하고 완벽하게 준비해서 100년 된 산삼이 되자. 그래서 선택당하지 말고, 선택되기 위해 몸부림치는 안쓰러운 인생이 되지 말고, 당당히 선택하는 인생이 되자.

탁구를 배우며 시에서 주최하는 선수권 대회를 서너 번 참가해왔다. 아직도 제일 처음으로 출전하던 첫 '시장 배'를 잊지 못한다. 처녀출전이라 얼마나 떨리고 긴장이 되는지. 그런데 그날 대진 운이 무척 좋았다. 승승장구하여 마침내 결승전까지 진출하였다. 자, 이제 마지막 고비만 넘으면 '꿈에 그리던 우승이다.' 하며 상대방의 눈빛을 쳐다보는 순간, 상대방선수의 그 당당함과 차분함에 주눅이 들었다. 결국은 어깨에 힘이 잔뜩 들어가 끝을 눈앞에 두고 한순간에 서브미스가 났다. 아, 그 황당함.

한 타 차이로 우승 트로피를 거머쥐는 프로골퍼, 백분의 일 초 차이로 금메달을 획득하는 육상선수, 성공하는 사업가와 실패하는 사업가… 과연 그들은 어떠한 차이가 있을까? 성공과 실패, 최고와 평범함을 가르는 요인은 과연 무엇일까? 실력과 경험의 차이가 엄청나지 않다면 단연코 그 사람의 '태도' 때문이리라. 태도는 평생 나를 따라다니는 그림자와 같다.

우리가 잘 아는 '엘레나'라는 여인이 있다. 루즈벨트 대통령의 부인인 엘레나는 언제나 희망적인 태도와 재치로 남편에게 끊임없이 용기를 준 여성이다. 10세 때 고아가 된 그녀는 20세에 결혼을 하여 6남매를 두었는데, 그들 부부가 가장 사랑했던 아이가 어느 날 갑자기 죽고 말았다. 그때 그녀는 비탄에 잠긴 남편에게 말했다.

"여보, 아직도 우리가 사랑할 아이가 다섯이나 남았잖아요."

나중에 루즈벨트가 관절염으로 걷지 못하고 휠체어에 앉게 되자 엘레나는 웃음을 잃지 않고 남편을 격려하였다. 한 번은 루즈벨트가 엘레나에게 이렇게 물었다.

"지금도 나를 사랑하오?"
"내가 당신의 다리만 사랑했나요?"

엘레나가 재치 있게 대답했다.

이처럼 태도는 학벌, 재산, 환경, 외모나 타고난 재능, 기술보다 더 중요하다. 태도는 우리 자신을 일으키기도 하고 무너뜨리기도 한다. 이제 자신의 태도를 '나는 썩혀진 것이 아니라, 귀한 산삼이라고. 그것도 100년 묵은 귀한 산삼'이라고. 한 번 바꾸어 보자.

10년 된 산삼은 사람들이 산삼을 택한다. 그러나 100년 된 산삼은 산삼이 사람을 고르는 법, 상품의 가치가 높은 '나'는 택함을 받는 것이 아니라 어느 곳이든 누구든 택할 권리를 쥐게 되어 있다. 이제 100년 된 산삼처럼 잘 준비되어 어디서나 인정받고 환영받는 하나님 나라의 일꾼이 되길 바란다.

쇠 빗장을 꺾으시는 하나님

인생을 살다보면 우리는 여러 종류의 문을 만나게 된다. 진학의 문, 취업의 문, 성공의 문, 결혼의 문… 그 문이 순조롭게 열려 우리를 받아주면 얼마나 좋을까? 아무리 두드려도, 있는 힘을 다하여 밀어 봐도 도무지 안 열리는 경우가 있다. 이럴 때 우리는 실패라는 쓴 잔을 마셔야 한다. 얼마나 속이 쓰린지, 얼마나 얼굴이 확 늙어 버리는지. 얼마나 가슴이 갑갑한지는 겪어 본 사람은 그 심정을 안다. 심지어 주위 사람들조차 피가 말라간다.

우리 교회에서 있었던 민정이(가명)라는 한 학생의 신앙은 요즘 아이들과 달리 신앙의 깊이가 있다. 살아 있는 예수님을 자신의 인생에서 영접한 뒤 민정이는 수시로 주님과 깊은 교제를 한다. 그런 민정이에게 내가 애틋한 마음을 갖는 것은 민정이가 믿음의 1세대이기 때문이다. 아직 부모님이 예수를 안 믿는다. 다른 아이들은 부모와 같이 교회에 나오는데, 민정이는 매일 혼자 나온다. 그러기에 더욱 민정이를 위한 기도가 간절하다.

그런 민정이가 몇 년 전에 상담하러 교회로 왔다.

"목사님, 저, 고등학교 자퇴할래요."

"헉, 자퇴라니?? 최소한 고등학교는 졸업해야지, 사회생활도 잘 할 수가 있는 거 아니니? 그래, 어머니와 선생님하고는 이야기 해봤어?"

"네, 어머니는 제가 알아서 하래요. 목사님, 있잖아요. 우리 집은 오빠도 고등학교도 못 마치고 학교를 자퇴했는데 저도 그래요. 아마 우리 집안의 내력인 것 같아요."

사실, 민정이는 고등학교 1학년 때부터 자퇴를 생각하였는데 2학년이 되자, 그 갈등이 더 심해진 것이었다. 오죽하였으면 어머니와 선생님마저 손을 놓으셨을까? 내가 그렇게 말려도 민정이의 고집을 꺾을 수가 없었다. 그리고 거의 1년이 넘은 시간 동안 홀연히 사라졌다.

그러던 어느 날, 수요예배를 드리기 위하여 기도를 한참 하는데 인기척이 느껴졌다. 사람들은 그 아이가 누군지 못 알아봤다. 훌쩍 커 버린 키 하며 좀 더 성숙해진 외모, 어여쁘게 웨이브를 한 긴 머리. 그러나 난 그 아이를 한 눈에 알아봤다.

"민정아!"

목회를 하며 힘들었을 내 마음도 민정이의 얼굴을 보는 순간 다 사라졌다. 얼마나 위안이 되며 기쁨이 되는지 마치 직장일로 힘든 부모가 집에 돌아와 아이의 잠든 얼굴을 보는 순간 행복에 겨워 피곤이 싹 가시는 그런 마음 같았다. 그 아이의 얼굴을 보는 순간 얼마나 행복하던지. 더군다나 민정이는 어렸을 때부터 신앙생활을 착실히 한 가닥이 있어 예수님을 떠나지를 않았다. 오히려 하나님이 없으면 인생에서 힘을 못 내는 착한 민정이었다. 민정이는 고등학교를 자퇴한 후, 검정고시를 보고 대입을 남겨둔 채 교회로 돌아왔던 것이다.

1년 동안 민정이와 수험생활을 같이 하였다. 나는 기도로 싸웠고, 민정이는 열심히 공부를 하였다. 그 와중에도 주일예배는 물론, 수요예배를 비롯하여 모든 공 예배에 빠지지 않았다. 그런 민정이가 참 기특했다. 드디어 따뜻한 봄, 여름, 가을이 지나고 수능 치룰 때가 왔다. 혹시나 민정이가 시험을 안 보면 어떻게 하지? 가슴이 조마조마했다. 민정이는 최선을 다하여 시험을 보았고, 우리는 그 결과를 기다렸다.

내색은 안 했지만 입술은 말라가고 많이 긴장되었다. 민정이도 새벽 4시에 일어나 걸어서 새벽기도를 드리러 왔다. 드디어 결과가 나왔다. 민정이가 좋은 대학에 합격하였다. 혼자 독학을 하여 좋은 대학에 합격을 하자, 사람들의 눈빛이 달라지기 시작하였다. 특히 민정이의 부모님이 너무 좋아하셨다. 신앙이 없는 그의 어머니조차 교회로 감사헌금을 보내시고 전화를 주셨다. 민정이가 신앙생활을 하면서 그렇게 좋아질 수가 없었다고 이야기하는 민정이 어머니의 말에 더욱 힘을 내어 기도를 하였다.

"민정이 하나로 인하여, 민정이의 가족과 그녀를 아는 모든 사람들이 주님을 영접하게 하옵소서. 민정이가 복의 근원이 되게 하옵소서."

예배를 마치는데, 민정이의 어머니가 교회로 찾아왔다. 얼마나, 반갑고 기쁘던지 마치, 오래전부터 알고 있는 사람처럼 친근함이 느껴졌다. 나이에 비해 무척이나 젊어 보였고 긴 생머리가 아름다웠다. '어머니가 예쁘니까 딸이 이렇게 예쁘구나.'라는 것이 그때의 첫 느낌이었다.

지금 민정이는 대학을 참 잘 다닌다. 솔선수범하고 공부도 열심히 하고 있다. 민정이의 단기적인 목표는 '조기 졸업'이다. 민정이가 하나님을 사랑하는 남다른 마음과 열정과 실력이 기독교 크리스천 문화에 영향력을 끼칠 수 있는 지도자로 키워지기를 날마다 간구한다.

이처럼 아이가 잘되는 것을 보고 가슴이 벅차오르는 것이 아버지의 마음 곧 하나님의 심정이리라. 하나님은 '인생으로 고생하며 근심하게 하심이 본심이 아니'라고 하였다(애가 3:33). 오히려 하나님은 자신을 신뢰하며 노력하는 사람에게 인생에 있어 '기이한 일'을 행하여 주신다. 그토록 열리지 않았던 인생의 놋문을 깨뜨려주시는 것이다.

"여호와의 인자하심과 인생에게 행하신 기이한 일을 인하여 그를 찬송할지로다 저가 놋문을 깨뜨리시며 쇠 빗장을 꺾으셨음이로다" _시 107:15-16

무릎으로 매일 하나님께 나아가는 내게 그 분은 이러한 말씀을 주시며 위로하셨다.

"은총아, 너에게도 기이한 일이 일어날 거란다."

그토록 열리지 않았던 인생에 기이한 일이 일어났을 때 얼마나 신이 났을까? 우연히 신문을 보다가 어떤 영화배우가 자신이 주연한 영화가 대박이 나면 속옷 바람으로 춤을 추겠다고 공언을 하는 것을 보고 웃었다. 다윗이 그랬다. 인생에게 기이한 일을 행하여 주셨을 때, 다윗은 얼마나 흥분이 되었던지 속옷이 내려가는 줄도 모르고 춤을 추었다. 그토록 오랜 세월을 눈물과 고통 속에 지내다 드디어 왕이 된 다윗! 그는 얼마나 기뻤을까? 그의 영혼은 얼마나 통쾌하였을까? 다윗의 영혼은 하늘을 날아갈 듯 신이 났다. 그는 춤을 추기 시작하였다. 속옷이 내려가 볼기짝이 드러나는 줄도 몰랐다. 괜찮다. 다 괜찮다. 이 순간만은 다 괜찮다.

기이한 일이 일어나다

사람이 평안할 때에는 하나님의 말씀이 잘 들리지 않는다. 왜냐하면 하나님이 없어도 얼마든지 행복하기 때문이다. 사람에게 가장 위대한 일은 어떤 계기에 의하여 하나님의 말씀이 귀에 들리고 그 말씀이 믿어지는 것이다. 대개 그럴 때는 사람이 비참한 상태에 있을 때다.

하나님은 사람들에게 무거운 짐을 '선물'로 주신다. 그래서 우리가 힘들고 가난하게 되므로 하나님을 찾게 된다. 그분께 마음의 문을 열게 된다. 사실 질병 때문에 하나님을 믿는 사람들이 얼마나 많은지 모른다. 건강했더라면 절대로 하나님을 믿지 않을 사람이 자기 자신이나 가족의 질병 때문에 하나님을 받아들인다. 부자로 살았더라면 절대로 하나님을 믿지 않았을 텐데 망하게 되는 바람에 주님을 영접한 사람들이 얼마나 많은지 모른다. 가난과 질병과 사업의 실패는 사람들을 하나님께로 불러내는 그 분의 손길이다.

하나님이 주신 시련을 그분의 '선물'이라 나는 부른다. 왜냐하면 사망의 음침한 골짜기를 걸어가면서 하나님을 더 의지하는 축복이 임하였기 때문이다. 하나님께 가까이 갔을 때 부드러운 그분의 음성이 들려왔다.

"내가 네 앞서 가서 험한 곳을 평탄케 하며 놋문을 쳐서 부수며 쇠빗장을 꺾고 네게 흑암중의 보화와 은밀한 곳에 숨은 재물을 주어서 너로 너를 지명하여 부른 자가 나 여호와 이스라엘의 하나님인 줄 알게 하리라" _사 45:2

나는 깜짝 놀라서 주님께 물었다.
"정말입니까, 주님???"
믿어지지가 않았다. 그 동안에 얼마나 많은 고생을 했는지, 나에게도 좋은 일이 일어나리라 하는 것이 믿어지지가 않았다. 이것이 꿈일까? 생시일까? 문득 오래 전에 실제로 일어났던 어떤 이야기가 떠오른다.

비행기가 바다에서 실종되었다. 비행기가 떨어지는 그 순간 그들의 마음은 얼마나 놀랬을까? 충격과 공포에 아마도, 사시나무 떨듯이 떨었을 것이다. 과연 우리가 살아남을 수 있을까? 아홉 명의 생존자들은 세 개의 뗏목을 타고 한 달간 표류하였다. 바다 한가운데서 작열하는 태양과 휘몰아치는 폭풍우 그리고 파도와 싸웠다. 심지어 그들에게 3미터가 넘는 상어들이 자기들보다 작은 뗏목을 공격하기도 했다. 그러나 이젠 다들 죽음만을 기다리는 암울한 상황이 다가왔다. 도무지 희망이 보이지 않았다. 그렇게 표류한지 8일이 지나 먹을 식량조차 바닥이 났기 때문이다. 정말 그들이 생존한다면 기적이었다. 그때 한 남자가 무릎을 꿇고 기도를 올렸다. 그리고 그는 하늘을 날아다니는 새라도 잡을 듯이 뗏목에 머리를 기댄 채 모자를 덮어쓰고 눈을 가렸다. 마치 우리 어렸을 때 매미와 잠자리를 잡으러 온 산과 들을 헤집고 다닐 때처럼 말이다. 그러다 가만히 손가락 하나를 세워 숨죽이고 있으면 어떤 잠자리는 그것이 나무막대기라도 되는 듯이 살포시 손가락 끝에 걸터앉는다. 그에게도 마찬가지였다. 믿을 수 없는 일이 일어났다. 갈매기 한 마리가 잠시 쉬어갈 곳으로 착각을 한 듯 그의 머리 위에 앉았다. 모든 사람의 눈이 그에게 집중되었다.

 그는 재빠르게 그 갈매기를 잡아서 승무원들과 나눠 먹었다. 갈매기의 내장은 물고기를 잡는 미끼로 사용하였다. 그들은 그렇게 기막히게 살아남았다.

정말 하나님은 그릿시냇가에 숨어 있는 엘리야를 까마귀를 통해서도 먹여 살리시듯 길이 없는 홍해 바다 한 가운데에도 길을 내신다. 고난의 끝은 보이지 않을 정도로 계속되는 것 같았지만, 나는 그 분의 말씀을 가슴 속에 소중하게 담았다.

"은총아, 내 너를 위해 놋문을 부수고 쇠 빗장을 꺾어버리리라. 내 너를 위해 흑암 속에 숨은 보물을 주리라."

아무리 힘들어도 하나님이 내게 주신 말씀을 부여잡고 하나님이 나를 위해 계획하시고 일하신다는 것을 믿었기 때문에 견뎠다. 그러자, 하나님은 나를 위해 준비 된 자들을 보내 주셨다. 그들은 결코 오합지졸이 아닌 하나님께서 보내주신 사람들이었기에 점점 희망이 보이기 시작하였다. 그토록 열리지 않았던 놋문이 부서지기 시작하였다.

다윗이 유다의 왕으로 돌아온 것처럼 나도 내 자리로 돌아왔던 것이다. 아, 이 감격은 야곱이 20여 년 만에 자신의 고향, 하나님이 약속으로 주신 땅 '가나안'으로 돌아왔을 때의 그 감격이다.

"저가 네 모든 죄악을 사하시며 네 모든 병을 고치시며 네 생명을 파멸에서 구속하시고 인자와 긍휼로 관을 씌우시며 좋은 것으로 네 소원을 만족케 하사 네 청춘으로 독수리같이 새롭게 하시는도다" _시 103:3-5

11

다윗에게 붙여준 하나님의 사람들

가로되 내 하나님이여 내가 결단코 이런 일을 하지 아니하리이다 생명을 돌아보지 아니하고 갔던 사람들의 피를 어찌 마시리이까 하고 마시기를 즐겨 아니하니라 세 용사가 이런 일을 행하였더라
대상 11:19

작별 _주 은총

나는 이제 무대에서 내려 올 시간입니다
최선을 다하였는지?
열정을 다하였는지?
신실하였는지?
관객의 반응은 어떠하였는지?
자신의 평가만을 남겨둔 채
아쉬운 작별을 고하여야 합니다

지금의 이별 역시
또 다른 만남을 위한 시작이 되겠지요

부디, 좋은 소식을 가지고
흐뭇한 모습으로 만나기를 기대합니다

마치, 어릴 적 친구를 만난 듯
세월 따라 변해가는 모습 속에도
순수한 소녀의 얼굴을
엿 볼 수 있었으면 합니다

사. 랑. 합. 니. 다.

다윗의 기초

13년 전 서울에 있을 당시 스트레스를 풀려고 "타이타닉"이라는 영화를 보았는데, 나도 모르게 영화를 보다가 그만 엉엉 울고 말았다. 급기야 아주 오랜 시간을 울다가 그 자리에서 하나님께 기도를 올려드렸다.

"주님, 나도 저렇게 자기 자리를 지키다 죽게 하옵소서."

얼마나 오랜 시간을 그렇게 하나님께 아뢰었는지 모른다. 그 영화는 내가 흥미 있어 하는 장르도 아니었고 심지어 남녀주인공의 얼굴은 지금은 가물가물하다. 더군다나 남들에게는 별것도 아닐 것 같았는데 내게는 그 장면이 감동으로 다가왔다.

1912년 타이타닉호가 대서양에서 침몰되기 시작할 때 악대는 '내 주를 가까이'라는 찬송가를 연주하기 시작하였다. 배가 가라앉기 시작하자, 모두들 빠져 나가려고 허둥거리는데 그들은 오히려 배가 가라앉아 죽을 때까지 자기 책임을 다하면서 '내 주를 가까이'를 연주하였다. 아마, 지금 내가 그 장면을 다시 보더라도 걷잡을 수 없는 울음이 마구 쏟아질 것 같다.

다윗의 30명의 용사들은 하나님의 은혜가 다윗과 함께 한다는 것을 알았기 때문에 목숨을 걸고 죽기까지 다윗을 지켰다. 반면에, 사울의 용사들은 돈을 받고 전쟁을 하는 용병이었다. 그래서 이 사람들은 신앙을 떠나 돈을 받는 것이 목적이었다. 다윗의 용사들에게는 돈이 중요하지 않았다. 오히려 돈을 떠나 무엇보다 하나님의 말씀이 우선이었다. 그래서 다윗은 이 용사들 때문에 여러 번의 위기에서 목숨을 건지게 된다.

역대상 11장에는 다윗에게 충성하였던 용사들에 관한 이야기가 나온다. 엘르아살은 블레셋 사람들이 침략할 때에 다윗의 군대가 대부분 도망쳐도 도망치지 않고 생명을 내어놓고 싸워서 보리밭을 보호한 사람이다. 사무엘하 23장 11절에 나오는 삼마 역시 녹두밭에서 블레셋 사람과 싸워서 승리했다고 한다. 당시의 보리나 녹두는 백성들의 식량이므로 대적들이 빼앗으려고 할 때에 백성들의 생명을 살리기 위해 혼자서 생명을 내어놓고 그 밭을 지킨 것이다.

뿐만 아니라, 다윗에 관한 용사들의 충성도에 관해 엿볼 수 있는 유명한 일화가 있다.

다윗이 아둘람 굴에 숨어 있었고 블레셋 사람들이 베들레헴을 차지하고 있을 때였다. 다윗은 무심결에 '베들레헴 성문'곁에 있는 '우물물'을 마시고 싶다고 말한다. 다윗이 어렸을 때부터 마셔온 베들레헴 고향 물을 먹고 싶은 생각도 있었겠지만, 무엇보다 베들레헴은 하나님이 주신 기업인데, 그 베들레헴이 블레셋 원수들의 수하에 들어간 것을 안타까워하여 베들레헴을 사모하여 그 물을 먹고 싶은 간절한 생각으로 그런 말을 하지 아니하였을까 하는 생각이 든다.

그런데 놀라운 일이 벌어졌다. 설마 했더니 진짜로 다윗의 충성된 부하들은 다윗을 기쁘게 하기 위하여 그들의 생명을 걸고 물을 가지러 간다. 그들은 블레셋 군대가 지키고 있는 베들레헴을 돌파하여 우물물을 길어 다윗에게 가져온다. 다윗은 그 우물물을 보고 충격을 받는다. 왜냐하면 그 물은 세명의 용사들이 죽음을 무릎 쓰고 떠온 물로서 그들의 피나 다름없었기 때문이다.

얼마나 다윗을 진심으로 아끼고 사랑하였으면 자기들의 생명을 돌아보지 아니하고 이러한 행동을 하였을까? 나 역시 성도들이 죽기까지 헌신하는 이러한 모습을 통해 감동을 받은 일이 많다. 그들은 다윗을 진심으로 아끼고 사랑하였기 때문에 이러한 희생마저 주저하지 않았던 것이다.

다윗은 세 용사가 떠온 물을 보고 코끝이 찡하고 눈물이 글썽였다. 다윗은 용사들이 떠온 물속에 그들의 생명이 담겨 있는 것을 본 것이다. 다윗은 이러한 고백을 한다.

"생명을 돌아보지 아니하고 갔던 사람들의 피를 어찌 마시리이까" _대상 11:19

피와 생명을 동일시한 히브리적 사고방식에 입각하여 다윗은 이들이 생명을 바쳐 떠온 물을 피로 간주했던 것이다. 더군다나 다윗은 꿀과 꿀 송이보다 하나님의 말씀을 더 달게 여겨 그 분의 말씀을 잘 알고 있었다. 그런 다윗은 "피를 먹지 말라"(레 17:10)는 말씀과 "제단에 붓지 않으면 물같이 땅에 쏟으라."(신 12:16)는 말씀을 기억하고, 그 물을 마시지 아니하고 땅에 부었던 것이다.

전제奠祭가 무엇일까? 전제란 구약에서 번제 또는 소제와 함께 드려진 제사의 일종으로 잔에 담은 포도주나 독주를 번제물 위에 또는 소제물 위에 붓는 의식이었다. 사실 이러한 제사의식은 하나님을 섬기는 자들이 여호와께 나타내는 헌신적인 봉사를 상징하는 것이었는데, 다윗의 신하들은 다윗과 그의 나라를 세우기 위해 자신들의 생명을 전제奠祭로 쏟아 부었던 것이다.

이처럼 다윗의 나라는 소수의 뛰어난 용사들의 헌신을 바탕으로 건설되었다. 한 마디로 말해 이들은 다윗을 위해 자기의 모든 것을 바쳐 헌신하였다. 만일 이들의 헌신이 없었다면 다윗은 이스라엘 역사상 가장 찬란했던 위업을 도저히 달성하지 못했을 것이다.

나 역시 내 힘으로는 도무지 살아남을 수 없었을 것이다. 이 날 이때까지 견뎌 온 것은 다윗에게 붙여주신 충성된 용사가 있었던 것처럼 내게도 그러한 사람들을 붙여주셨기에 살아남을 수 있었다. 하나님께 신실하려고 노력한 자세 때문에 성도들은 나의 삶을 보고 떠나가지를 않았다. 하나님께 충성된 자 곁에는 사람들이 붙게 되어 있다. 다윗을 따르는 용사들은 다윗이 하나님의 말씀대로 행하는 것을 보고 생명을 내어놓고 다윗을 적극적으로 도와 나라를 얻게 되었다. 윗사람이 하나님의 말씀대로 신실하게 살려고 노력하면 따르는 사람들은 더욱 뜨겁게 충성을 한다.

베드로와 안드레처럼

내게도 소중한 베드로와 안드레가 있다. 처음에 혼자 개척을 시작 할 무렵 6개월 동안 양이 없어 혼자 성전을 지키며 눈물로 기도를 했을 때 처음 붙여준 양이 나보다 훨씬 연세가 많은 양희 권사님이다. 양희 권사님은 나의 연소함을 떠나 주의 종으로 잘 받들어주며, 겸손과 헌신의 본을 보여주셨다. 더군다나 밑 빠진 독에 물을 붓는 것 같은 끝이 보이지 않는 개척의 길을 잘 인내忍耐해 주었다. 나는 성도들에게 아침과 저녁으로 매일 기도의 자리로 나아가게 하는 것은 물론, 전도까지 마구 강행

군으로 밀어 붙였다. 머릿속에는 어떻게 하면 '전도'의 효율을 높일까? 늘 전도생각으로 가득 찼기 때문에 새벽마다 '영혼을 사랑하는 마음을 주옵소서', '내 심장을 뜨겁게 하소서', '전주 땅을 주옵소서' 라고 부르짖는 것을 시작으로 시간이 날 때마다 전도를 나간다. 처음에는 성도들과 같이 기타 3대, 보면대, 템버린을 들고 길거리에 나가 찬양을 불렀다. 빈약한 앰프시설을 열정 하나로 커버를 해가며 찬양을 씩씩하게 불렀다.

선거철에는 이런 일도 있었다. 전주에 돈 많기로 소문난 유지가, 아줌마들을 수십 명씩 동원하여 춤을 추며, 음악을 크게 틀며 선거유세를 하였다. 그런데 한 선거대원이 길에서 노방찬양을 부르는 우리를 발견하고는 춤도, 음악도 정지한 채 우리가 끝날 때까지 기다려 주었다. 그러더니 옆에 서서 우리가 부르는 찬양을 따라 부르기 시작하였다. 그때 부른 찬양이 "이 눈에 아무 증거 아니 뵈어도 믿음만을 가지고서 늘 걸으며"라는 찬양이다.

찬양을 다 부르고 나자 옆에 서 있던 선거대원이 "자신도 예전에는 교회를 다녔노라."고 고백을 하였다. 우리가 끝나자마자, 우리와 비교되지 않는 족히 오십 명도 훨씬 넘는 인원이 사거리에 예쁘게 배치되기 시작하였다. 그날 옷도 맞춰 입고 음악에 맞추어 율동을 하는 그들의 모습이 보기에 좋았다. 하지만 아쉽게도 '그 지방유지' 선거에서 떨어졌다.

비가와도 전도를 나갔다. 날씨가 추울 적에는 기타 치는 손이 떨리고 손톱도 다 끊어졌다.

클래식 기타만 쳐봐서 나일론 기타에 익숙한 나는 포크기타를 못 친다. 쇠줄로 된 기타가 적응이 잘 안 되었다. 클래식 기타는 아침에 홀로 묵상을 하며 연주를 하면 기타의 음색이 보통 아름다운 것이 아니다. 그러나 피크를 사용하지 않고 손으로 기타를 연주하니 손톱이 다 부러졌다. 더군다나 길가에서 찬양을 부르니 도로의 먼지가 입안으로 들어와 폐가 더 나빠져 갔다. 머릿속에는 끊임없이 '어떻게 하면 주님을 기쁘시게 할까?'라는 생각으로 가득 찼다.

보통 정도의 노래실력만 되도 키보드를 들고 공원으로 나가 음료수를 나누어 주며 찬양을 하겠는데 세상에나, 하나님도 너무 하시지. 한 옥타브라도 올라가면 오죽 좋으련만, '시'도 안 올라간다. 노래를 못 부르는 사람의 고통, 그거 정말 괴롭다. 박자도 잘 못 맞추고, 음치에다가… 어떤 목사님은 예배시작하기 전에 찬양리더로 쫙~ 분위기를 죽여주던데. 헉, 나는 예배시간에 찬양인도를 하면, 청년들은 물론 심지어 남자아이들까지 음이 낮다고 한다. 그래서 안타까운 마음에 생각한 것이, '글'이다. '그래, 글을 한 번 써보자. 혹시 알아, 문서선교의 길을 열어주실런지!'

이렇게 전도의 열정을 성도들에게 쏟아내니, 양희 권사님이 처음에는 얼마나 힘들었을까? 시장에 나가서 전도하는 것은 물론, 법원과 교도소까지 찾아갔다. 우리 교회에 새 성도가 왔는데 음주로 인해 교도소로 수감되었다. 성도들이 돌아가면서 영치금과 기도와 사랑을 담아가지고 면회를 가라고 시켰는데 양희 권사님의 첫 반응이 아직도 기억이 난다. 양희 권사님은 죽을 때까지 잊지 못할 추억이라고 말씀을 하신다. 주위 사람들을 아무리 둘러봐도 교도소에 간 사람들이 없는지라 양희 권사님의 첫 모습은 상당히 힘들어 했다. 물론, 처음에는 성도들이 교도소까지 찾아 가는 것을 탐탁지 않게 생각하였다. 목사님이 말씀하기는 하였지만 양희 권사님은 '교도소'라는 곳이 얼마나 무서운 곳일까? 하며 긴장을 많이 하였다고 한다. 그런 모습을 지켜보다 양희 권사님에게 내가 같이 동행해 준다고 하니까, 목사님은 여자라서 안 된다는 것이다. 세상에나 이럴 수가! 무서운 사람들이 많을 텐데, 목사님 가지고는 불안한 마음이 진정이 안 된다면서 남자가 있어야 된다나. 나중에는 군대 갔다온 건장한 자기 아들을 앞세우고 교도소를 찾아갔다.

"어, 목사님, 교도소를 심방 갔다 와도 별것도 없던데요. 안 무서워요."

권사님의 첫 반응이었다. 그러면서 그가 출소하기까지 부지런히 심방을 갔다.

우리 교회는 교회규모에 비하여 구제를 많이 한다. 없어도 최선을 다하여 할 수 있는 데까지 섬기려고 노력을 한다. 부활절, 추수 감사절, 성탄절에는 교회의 명절이다. 시장 길 가에 앉아 물건을 파는 할머니들, 경로당 어르신들, 경찰서에서 수고하시는 분들과 청소부들. 여건이 되는 데로 힘써 섬겨드린다.

한 번은 성도의 가게에 심방을 가는 데 이런 일이 있었다. 자주 심방을 가다보니 옆에서 일을 도와주는 아주머니까지 나를 기다리는 것이었다. 그런데 내가 몇 주 그 가게에 심방을 가지 못했다. 그러던 어느 날, 가게가 유지가 안 되어 야간에 김밥을 말러 간다는 이야기가 들려왔다. 마음에 불이 났다. 나는 그 가게를 당장 달려가서 성도와 함께 예배와 기도를 드렸다. 그런데, 우리 성도 옆에 서 있던 아주머니가 은혜를 조금씩 받기 시작하였다. 몇 주 목사님 얼굴이 안 보이니 많이 사모하였는가 보다. 우리 교회 성도와 함께 나란히 앉아 예배와 통성기도를 하였다. 그리고 상기된 얼굴로 감사하다면서 그 아주머니, 헌금을 내 놓았다. 교회로 돌아와서 보니 이분이 하나님께 올려드린 헌금이 오만 원이었다. 나는 그 아주머니의 형편을 알기에 오만 원이 마치 이천만 원 같았다.

그 아주머니의 남편은 젊었을 때 일찍 세상을 떠났다. 그녀에게는 지금 자식 둘이 있는데 그중에 하나는 뇌에 이상이 있어 서른이 다 되었어도 정상적인 생활을 못한다. 더군다나 이분 생활이 안정적이지 않았다. 하루를 어떻게 간신히 버티어 가는지를 잘 알기에 그 분이 올려드린 헌금이 마치 과부의 두

렙돈 같았다. 나는 그 날, 밤새 잠을 못 이루고 기도의 자리로 나아갔다. 그 다음날, 우리 교회 권사님을 불러서 근처에 있는 어려운 개척교회 사모님들께 화장품과 감사헌금과 책을 드리고 오라고 했다. 그 아주머니의 헌금이 오병이어로 귀한 곳에 드려지고 싶었기 때문이었다.

"하나님, 우리 주위에 있는 어려운 목회자님들을 위해서 한 달 재정 천만 원씩 그분들을 위해 사용하게 하옵소서."

형편이 어려운 와중에 올려드린 그녀의 헌금은 목회자에게 잠을 못 이루게 하였다. 가슴에 뜨거운 불을 지폈다. 그런데, 이러한 기도 제목을 위해 쓰여 지기를 원하는 사람이 바로 양희 권사님이다. 권사님은 지금 현재 예수병원에서 근무하시는데, 그분의 간절한 기도 제목이 은퇴하신 목사님들을 섬겨드리는 것이다.

안드레 같은 집사님

미숙 집사님과 양희 권사님은 자매사이다. 마치 베드로와 안드레를 쓰신 것처럼 그녀는 내 곁에서 든든한 일꾼이 되어주었다. 벌써 수년 째 고생을 같이 하여 눈빛만 봐도 알 수가 있는 그런 사이다. (웃음) 오랜 시간을 같이 하다 보면 그 사람의 장단점을 잘 알 수가 있다. 그런데도 불구하고 그녀는 단점까지도 품어준다. 마치 40년을 모세와 같이 하여 장단점을 잘 알 수 있음에도 불구하고, 끝까지 모세의 편에서 충성하였던 여호수아처럼 험한 세월을 같이 하였다. 그녀와의 사이에 아름다운 추억들이 많다.

그녀는 교회와 직장만을 왔다 갔다 하는 순진한 아가씨였다. 세상에 '이런 여자가 다 있나' 싶을 정도로 때가 안 묻은 순박한 여자. 데이트 한 번 제대로 못해 보고 훌쩍 서른을 맞이하였다. 설교시간에 그녀의 결혼 전에 있었던 한 가지 이야기를 하다가 눈치를 봤는데 해도 될지 모르겠다. 쓰고 나서 그녀에게 허락을 받으리라.

어느 날, 헌금바구니를 돌리다 미숙이가 헌금바구니를 털썩 놓더니 죽고 싶다고 주저앉아 버렸다. 서른이 넘도록 데이트 한 번 못해보고 늙어가니 얼마나 힘들었을까. 세월은 가는데 결혼은 까마득하고, 시계추처럼 직장과 교회만 왔다갔다 똑딱똑딱 흘러가는 시계소리에 맞춰 그녀도 제법 나이가 들어갔다. 그래서 그녀를 위해 설교시간에 전인권 씨의 노래 한 소절을 불러주었다. "해가 뜨고, 해가 지면 달이 뜨고 다시 해가 뜨고 꽃이 피고 새가 날고 움직이고 바빠지고 … 다시 돌고 돌고 돌고 돌고"

그렇게 시간이 흘러가던 어느 가을 끝자락 금요기도시간에 미숙에게 "자신의 소원이 무엇이냐고?" 물어보라는 하나님의 음성이 들려왔다.

"입으로 내 뱉는 그 소원이 이루어질 것이라." 하시기에 성도들 앞에서 미숙이에게 물어보았다. 그러자, 우리 미숙 집사님.

"내년 5월에는 시집가고 싶어요."

아니, 세상에 그때가 11월 달인데, 내년 5월에 시집을 가려면 최소한 남자는 준비되어야 될 것 아닌가. 남자도 없는 데 뭔 수로 시집을 가지? 하면서 그냥 웃음만 나왔다. 그래서 그냥 하나님이 주신 말씀이기에 믿음으로 선포를 하였다. "그래, 미숙아! 언젠가 시몬스 침대 광고를 보니, 남자가 지붕을 뚫고 침대 옆으로 툭하고 떨어지던데, 너도 그래라."

교회를 이끌다보면 처음에는 잘 몰랐는데 결혼의 시기가 지나도록 결혼의 문이 열리지 않으면 본인은 물론이고 형제와 부모님, 주위 사람들까지 시험에 든다.

그런데, 그 해 5월에 미숙 집사님이 정말로 결혼을 하였다. 세상에서 제일 아름다운 신부가 아닌가 할 정도로 예뻤다. 행복에 겨워 나도 모르게 눈물이 났다. 이런 잔치를 베풀어 주신 하나님이 너무 고마웠다. 미숙 집사님은 결혼 후에 안정을 찾아 신앙생활을 더 잘하였다. 임신을 한 상태에서도 길거리 전도를 빠지지 않았고, 직장생활도 얼마나 최선을 다하는지 도리어 우리를 걱정하였다. 아니나 다를까 임산부가 그렇게 많이 움직이다 보니 아이가 자궁 밑으로 내려왔다. 거기다 임신성 당뇨마저 발견이 되었다. 병원에서는 당뇨합병증이 의심이 된다면서 검진을 하기로 하였다. 아이고, 이걸 어째. 다들 걱정이

태산이었다.

하나님께 간절히 이 문제를 가지고 기도로 나아갔다. 한 마리의 양이 얼마나 소중한지 구구절절 느꼈던 개척이었다. 그러니 미숙집사가 얼마나 소중한지 나의 생명보다 더 귀하게 느껴졌다. 아침 금식을 하며 뜨겁고 간절하게 기도하는데 잔잔하게 성령님의 내재가 느껴지더니 말라기의 말씀을 주셨다.

> "내 이름을 경외하는 너희에게는 의로운 해가 떠올라서 치료하는 광선을 발하리니 너희가 나가서 외양간에서 나온 송아지 같이 뛰리라" _말 4:3

하나님께서 미숙 집사님에게 레이저 광선보다 더 밝은 빛으로 치료해주시는 모습이 느껴졌다. 주일 저녁시간에 미숙 집사님을 뉘여 놓고 다 나와서 살며시 손을 얹어 기도만 하여도 낫는다고 선포하였다.

"미숙 집사님, 하나님의 의로운 해가 떠올라 치료하는 광선을 부어주셔서 다 낳았습니다. 걱정하지 마세요."

그날 주일저녁은 그렇게 은혜로울 수가 없었다. 그런데 문제는 그 다음 날 월요일이었다. 미숙 집사님이 병원에 당뇨합병증으로 인한 검진을 오전에 갔기 때문이었다. 나의 마음은 그야말로 '안절부절'이었다. 괜히 하나님은 그런 말씀을 하셔가지고 나를 괴롭히는지, 나는 그 말씀이 뭐가 좋다고 그렇게 선포했는지 오전 시간이 마치 천년처럼 길게 느껴졌다. 드디어 미숙 집사님에게서 점심시간이 다 되어 전화가 왔다.

"목사님, 이상하게 당뇨가 없어졌대요."

그 순간 나의 믿음의 연약함을 회개함과 동시에 하나님을 향한 감사와 더불어 안도의 한숨을 쉬었다. 휴!!
정말, 개척교회는 이런 산 간증을 많이 체험하여야, 성도들이 열심히 더 달려갈 수 있는 것 같다. 위기는 한편으로는 하나님의 영광을 들어낼 좋은 기회이기 때문이다. 사실, 미숙 집사님이 아이를 낳기까지 고생은 이게 끝이 아니다. 병원에서 미숙 집사님의 자궁이 협소하여 자연분만으로는 낳기가 힘들고 수술을 해야지만 된다고 하였다. 우리는 미숙 집사님의 순산을 위해서 다 같이 기도하였다. 그러자, 그때 하나님의 임재와 더불어 천사들이 나타나 이런 찬양을 하는 것이었다.
"평화, 평화 하늘 위에서 내려오네."
그러면서 평화롭게 순산하는 모습이 그려졌다.
"미숙아, 너 순산이다"
예수병원 담당 의사는 자기가 있는 한 자연분만은 절대 안 된다고 하였다. 그런데 세상에나 담당의사가 바뀌었다. 의사가 바뀌면서 자연 분만을 하는 쪽으로 흘러갔다. 나중에 간호사한테 들었는데 미숙 집사님이 자신은 '자연분만'하겠다고 당당하게 요구하였다는 것이다. 미숙 집사님이 아이를 낳는 날은 수요일이었다. 미숙 집사님은 예수병원에서 '남편도 안 오지, 목사님도 안 오지, 언니도 안 오지,' 혼자 아이를 낳는가 보다했다.

우리는 수요저녁예배를 보통 때보다 빨리 마치고 병원으로 달려갔다. 이미 미숙 집사님의 어머니가 와 계셨다. 미숙 집사님의 어머니는 "아이고, 내가 아파야지, 네가 그러면 써. 내가 낳아주고 싶다"라고 말씀하시기에, 어머니가 딸을 향한 마음이 느껴져 살며시 웃었다. 다행히 병원에는 미숙 집사님 외에 아이를 낳는 다른 산모는 없었다. 나는 예수병원에서 간절히 기도를 하였다. 점점 뜨겁게 기도 속으로 빠져 들어 갔다. 방언으로 기도하는 그 소리는 마치 자장가처럼 분만실을 덮었다. 간호사도 사람들도 방언소리에 귀를 기울이는 것 같았다. 미숙집사님이 아이를 낳았다. 순산이었다. 아이를 받아가지고 옆방으로 옮기려고 문을 여는 그 순간에, '수술해야지만 된다.'는 의사가 들어왔다. 미숙 집사님을 보고 눈이 동그래서 "어떻게 된 거냐?"고 물었다.

"순산이에요"
"다른 게 기적이 아니라, 이게 기적이네요."

사실, 미숙 집사님의 신앙은 나의 신앙보다 아름다운 면이 더 많다. 신실하고, 순수하고. 하나님도 그런 미숙집사님의 순수함에 반하셨는가 보다. 미숙 집사님 부부는 아이의 이름을 부탁했다. 나는 오랜 시간을 간절한 마음으로 기도를 올려드리며 하나님이 그 아이를 향한 뜻이 무엇인지 말씀하실 때까지 기다렸다.

"그 아이를 통해, 다른 사람들의 영혼과 육체를 치료하며 따뜻하게 감싸 안아 줄 수 있는 예수님의 손길이 되기를 원한다."고 그 분은 말씀하셨다.

이렇게 태어난 아이의 이름은 바로, "윤. 예. 손"이다.

예손이의 어머니는 아기가 뱃속에 있을 때부터 전도를 쉬지 않고 했을 뿐만 아니라, 어머니 덕분에 예손이는 출생하자마자 새벽예배를 빠지지 않고 드리는 아기가 되었다. (웃음) 더군다나 1년도 안 된 아기가 장례식장은 물론, 병원을 비롯하여 개업예배까지 심방을 안 가본 데가 없다. 설교를 하는 와중에 성령의 임재하심에 감동이 되어 손을 들고 찬양을 하는 어른들 틈에서 돌도 안 된 예손이가 두 손을 들고 있는 모습에 나도, 성도들도 놀랐다. 피아노에 흥미를 보이고, 찬양을 부르는 시간에는 예손이가 드럼을 친다. 자기 마음대로 탁! 탁! 탁! 그러다가 우당탕~탁! 하고 친다. 1살도 안 된 것이 예배 끝나는 시간에 맞추어 박수를 제일 먼저 치고, 말문이 트이자 큰 소리로 "아멘" 하고 대답해서 깜짝 놀랐다.

그 아이가 어머니의 신앙보다 더 훌륭한 사람이 되기를 두 손 모아 기도한다. 미숙 집사님에게는 내가 부러워하는 많은 것을 가지고 있다. 노래 잘하지, 꼼꼼하고 세심하지, 옆에 있으면 남을 배려하고 웃게 만드는 재주도 많다. 주위에서 TV에 한 번 나가보라고 한다. 그 정도로 못 하는 것이 없는 만능엔터테이너이다.

그녀의 평생의 소원은 어린아이들에게 희망과 사랑을 주는 유치원 원장님이 되는 것이다. 그녀는 10년이 넘도록 유치원 선생님으로 근무하였고, 자신의 꿈을 이루기 위해 부단히 노력하며 달려가고 있는 중이다. 그녀를 통해 아이들을 위해 생명도 아끼지 아니하는 작은 예수를 본다. 언젠가 때가 되면 TV에서 학부모님들을 위해, 아이들을 위해, 유치원 선생님을 위해 특강하는 미숙 집사님의 모습을 그려본다.

하나님의 선물

개척교회를 이끌어 가며 남모를 아쉬움이 있었다. 그것은 성도들이 바쁜 직장생활로 인하여 새벽예배를 온전히 드리지 못할 때가 많을 것이다. 새벽에 이틀을 나오면 나머지는 못 나오고. 그러니 혼자 새벽시간에 나가는 경우가 많았다. "주님, 새벽이 살아나게 하옵소서. 우리 교회가 전주에서 가장 많은 사람들이 새벽 첫 시간을 하나님께 드리고 하루를 시작하게 하옵소서."라는 기도를 날마다 하였다.

그때 미숙 집사님이 결혼을 하면서 남편인 윤기봉 집사님이 우리 교회로 왔다. 윤기봉 집사님을 위하여 간절히 기도하는 가운데, 성령님이 그는 내가 너에게 주는 "선물"이라고 말씀하시는 거였다.

"보라 내가 이스라엘 자손 중에서 너희 형제 레위인을 취하여 내게 돌리고 너희에게 선물로 주어 회막의 일을 하게 하였나니" _레 18:6

윤기봉 집사님은 내게 준 하나님의 선물이었다. 결혼을 한지 한 달로 채 되지 않아 그는 새벽예배를 빠지지 않고 나왔다. 더군다나 그는 아내와 자식까지 부지런히 새벽에 데리고 나왔다. 내가 새벽을 얼마나 중요하게 생각하는지 알고 있는 그는 새벽제단을 지키려고, 때론 몸이 곤하여 힘이 드는데도 묵묵히 나왔다. 그러면서 새벽이 살아나기 시작하였다. 어느 권사님이 지나가는 말로 "목사님, 우리 교회는 새벽이 살아 있어요." 라고 이야기 할 때, 나는 매일 드리는 기도를 생각하였다.

"주님, 많은 사람들이 새벽 첫 시간을 하나님께 드리게 하옵소서."

윤기봉 집사님의 호號는 '똥거름'이다. 예배를 드리면서 윤기봉 집사님에게 "집사님의 호號는 똥거름입니다."라고 이야기를 하였는데 그는 기쁜 마음으로 "아멘"으로 받았다. 채소가 잘 되게 하기 위하여 거름을 주듯 그가 '교회의 거름, 한국 땅의 똥거름'이 되기를 원했다. 윤기봉 집사님의 부드러운 인품과 헌신하는 자세가 많은 이들에게 선한 영향력을 끼쳤으면 하는 바이다.

다윗에게 신실한 용사들이 붙었듯이 내게도 그랬다. 자신의 생명과 물질도 아까워하지 않고 드려지는 하나님의 사람들. 나는 그들에게 "갈라디아서 말씀처럼, '눈'이라도 뽑아 사도바울에게 주려고 하였듯이, 내게 '눈'이라도 뽑아서 주겠느냐?"고 말할 때, 그들은 대답한다.

"네, 눈은 물론 생명이라도 드리겠습니다."

나는 참으로 행복한 목회자이다. 그들은 내게 주의 일만 할 수 있도록 최선을 다하여 헌신을 하였다. 나는 그들로 인해 "기도와 말씀"에 모든 에너지를 쏟아 부을 수가 있었다. 그들의 충성을 생각하면, 뜨거운 눈물이 주르륵 흘러내린다. 이날 이때까지 내가 잘 나서 살아남은 것이 아니라, 이 못난 목회자를 살리려고 그들의 생명을 다 한 헌신이 있었기 때문에 오늘 내가 이 자리에 서 있다. 그들은 수년의 시간이 흘러도 별 진전이 없었던 능력이 없는 목회자를 신뢰하고 흔들림이 없이 자리를 지켜주었던 것이다.

시냇가에 심은 나무

우리 교회에 다니는 한 성도의 간판을 달아주던 그가, 전도를 받아 교회로 왔다. 그는 장로님을 따라다니며 남자가 흔하지 않은 우리 교회에 순종의 본을 보여 주었다. 공公 예배를 강조하는 목회자의 목회방침에 따라 그는 주일저녁예배는 물론 수요예배와 금요예배까지 참석하려고 노력하였다. 그렇게 한참 서로가 친근해지려고 하는 무렵 큰 일이 발생하였다. 나는 철저한 절제 속에 자기관리를 하는지라 특히, 남성들과 둘이 함께 있는 자리는 만들지도 않는다. 당연히 성도들과의 관계에서도 그렇다. 그런데 그날 교회에 권사님이 안 계시고 혼자 있는데 전화가 왔다. 큰 일이 생겨 목사님을 지금 당장 만나야 된다는 것이다. '큰 일'이라고 해서 일단은 허락을 하였지만 '사람들이 있을 때, 조금 있다가 오라고 할까' 하는 마음의 갈등이 있어 조금 있다가 오라고 전화하려는 찰나에 벌써 그가 교회에 도착하였다.

나는 눈이 휘둥그레져서 그를 쳐다보았다.

"목사님, 큰 일 났습니다. 목사님, 어저께 술 먹고 운전하다 음주 운전에 걸렸습니다. 술을 먹고 운전을 하다가 도로 한 복판 위에서 잠들어 신호가 바뀌어도 출발하지 않아, 잠이 든 저를 누군가 발견하고, 경찰에 신고했습니다. 목사님, 저 어떻게 하면 좋지요. 실은 저번에도 그런 일이 있어 지금 집행유예중입니다."

헉, 그 순간 너무 놀랐다.

'집. 행. 유. 예. 기간 중이었어????'

처음 그 말을 듣고 놀랐지만, 곧 그를 잡고 하나님께 기도를 올리며 말씀을 보았다. 그때, 기도하는 가운데 하나님이 주시는 말씀이 창세기 40장의 요셉에 관한 말씀이었다. '그가 바로 나오리라' 생각하였지만 들어간 즉시 '구속'이 되었다. 경찰서 유치장에 수감된 그를 위하여 성도들은 옷가지와 식비를 들고 그를 찾아가 위로와 기도를 올렸다. 그를 위하여 법원에 구속 적부심사 신청을 하였다.

법원에 제출할 서류를 작성하면서 내가 청구권자의 자격이 안 되어 그의 큰 형의 전화번호를 물어 그의 형과 같이 법원에 갔다. 그날 법원에 가는 동안 그의 형과 차안에서 이야기를 나누었다.

자신이 어제 동생을 면회했는데, 동생이 "형! 나 교회 다녀." 하는 말에 "야, 이놈아, 네가 무슨 교회를 다녀? 그것도 네가 김제도 아니고 전주까지, 웃기는 소리 작작해라!" 라고 이야기 하였다고 한다. 그런데, 그의 형이 나를 법원까지 픽업하며 "동생이 정말로 교회를 다녔네." 하면서 놀라워하였다.

"목사님, 제 말 좀 들어보십시오. 그놈은 성경에 나오는 탕자에요. 아시죠? 그 놈은 모태신앙입니다. 이모부가 목사님이고, 아버지가 집사님이고, 저 또한 집사입니다. 그런데 그 놈은 교회도 나가지 않고 그랬는데. 이놈요. 벌써 음주위반이 4번째입니다. 4번째! 목사님, 대체 그 놈 언제부터 교회 다녔습니까?"

순간 머리가 뭔가에 어느 맞은 것 같았다. 2번째가 아니라 4번째라니!

"동생이 많이 바뀐 것을 보니 놀랍습니다. 목사님, 감사드립니다. 동생이 나오면 교회 '머슴'처럼 부려 먹으세요."

'음하하~하! 머슴처럼 부려 먹으라'

형의 그 말을 듣고, 교회에 와서 눈물로 간절히 기도를 하였다.

"주님, 우리 이요셉 성도가 신실한 집사님이 되게 하여 주십시오. '야긴과 보아스'처럼 윤기봉 집사님과 더불어 이 교회에 든든한 두 기둥이 되게 하여 주옵소서. 지금의 모습이 변하여 많은 사람들이 놀라게 하옵소서. 세상에 꼭 필요한 〈빛과 소금〉으로 살아가게 하옵소서."

며칠 후, 그는 유치장에서 평화동에 있는 교도소로 옮겨졌다. 성도들이 돌아가면서 그를 위해 면회를 갔다. 처음에 그를 찾아 면회를 가는 날, 교도소가 어디 붙어 있는지를 몰라 임실 방향으로 한참을 내려갔다. 가도 가도 끝도 없이 논 밖에 보이지 않아 '길을 잃었구나.'라는 직감이 들었다. 마침 들판에서 농부가 일을 하고 있었다. 차를 세우고 농부에게 아주 큰 소리로 물었다.

"아저씨, 평화동 교도소가 어디에요?"

"잘못 왔습니다. 왔던 길로 다시 올라가세요."

농부도 큰 소리로 대답하며, 손으로 방향을 가르쳐 주었다. 다시 차를 돌렸다. 늦게 도착하여 면회시간이 끝난 줄 알고 헐떡거리며 교도소에 뛰어 올라갔다. 순간 얼마나 긴장을 하였는지. 다행히도 시간이 남아 있었다. 교정기관 홈페이지에 알아보니 면회시간이 15분으로 나왔는데, 실제적으로 면회를 해보니 7분이었다. 그것도 시간을 똑딱 똑딱 재가면서 7분이 끝나면 서로의 말도 들리지 않았다.

교도소 접견실에서 그를 보니 마음이 많이 아팠다. 맨바닥에서부터 시작한 교회는 허구 헌 날 이상한 남자들이 행패를 부렸는데 그는 아니었다. 그의 모습 속에서 "숨겨진 보석"을 발견하였다. 나의 성격은 은근히 까다롭고 호불호가 분명한 면이 많아 (고치려고 노력은 많이 하는데) 특히 성실하게 노력하는 사람을 좋아한다. 열손가락 깨물어 안 아픈 손가락 없다지만 자식가운데도 마음에 더 가는 자식이 있다. 그런데 그는 노력하는 모습을 많이 보여주었고 나는 그가 노력하는 모습을 놓치지 않도록 애썼다. 성도들도 매주 책과 영치금을 들고 그를 찾아갔다. 돌아가면서 그를 위해 기도를 해주었다. 성도들도 뒤돌아서 보니 평생에 잊지 못 할 좋은 추억으로 남아 감사하다고 한다.

장로님과 집사님이 안 좋은 말씀을 하실지라도 그는 잘 귀담아 들었다. 성격이 서로 다른 면이 있을지라도 이해하였다. 충분한 기도 없이 면회를 가 교도소 접견실의 분위기가 힘들어했을 때에도 그는 넓은 마음으로 포용하였다. 그는 심지어 교도소 안에서 성경 필사는 물론이고 매일 새벽기도를 올려드렸다.

참으로 하나님께 감사한 것은 드디어 그가 귀환을 하였던 것이다. 그는 돌아와서 그동안 하지 못하였던 봉사를 최선을 다하여 하였다. 전도지를 매달 4천 장씩 제작하여 교회로 가져왔고, 우리는 그가 만든 전도지로 시내 곳곳을 돌아다니며 전도를 하였다. 뿐만 아니라 그는 추수감사절, 크리스마스, 부활절을 비롯하여 각종 절기마다 교회현수막을 예쁘게 제작하여 걸어놓았다. 그게 너무 감사하여 볼 때마다 "지금, 아름다운 이 현수막이 우리나라 교회 곳곳에 3천 개는 나가게 하옵소서. 예수 이름으로 명하노니 그렇게 될 지어다."하고 기도를 올려드렸고 이번 부활절에도 그를 위하여 담대하게 선포하였다.

그는 얼마나 신실하게 노력하는지 그 뒤로 단 한 번도 술과 담배를 입에 대지를 않았다. 그렇게 대견하고 기특할 수 없다. 공예배도 착실하게 드리는 모습이 참 예쁘다. 하루는 성경퀴즈 대회를 하는데 1등을 위하여 부상으로 '한우'를 정성껏 사가지고 와서 내어놓는다. 하하~하! 그러면서 "목사님과 교회를 만난 것이 자신의 인생에서 제일 잘 한 일이라고." 고백을 한다.

그는 지금 교회와 이 땅의 크리스천들을 섬기기 위하여 사업을 시작하였다. 아직 기반이 잡히지 않아 힘들고 어려운데도 내색하지 않고 늘 감사하다면서 홈페이지도 만들었다. "요셉 디자인"이다. 하나님이 주신 그의 기업이 날로 확장되어 지역 선교는 물론 아프리카에 선교를 위해 드려지는 하나님의 귀한 일꾼이 되기를 기도한다.

"요셉은 무성한 가지 곧 샘 곁의 무성한 가지라 그 가지가 담을 넘었도다"

_창 49:22

하나님이 고치지 못 할 사람은 없다

감동을 받은 좋은 책이 있으면 여러 권의 책을 사서 함께 나누는 것을 좋아한다. 그 중에 생각나는 것이 박효진 장로의 "하나님이 고치지 못 할 사람은 없다."라는 책이다. 이 책을 교회의 필독서로 정해 여러 권을 사서 성도들에게 나누어 주고는 독후감을 써 오도록 하였다. 우리 교회의 장로님 역시 전도에 참 열심인데 자신이 근무하는 상가에서 불신자들을 찾아 이 책을 전해주기도 하였다. 그러자 이 책을 읽은 사람들 중에 어떤 이는 우리 장로님의 인상이 박효진 장로님과 비슷하여 그 분인줄 착각하고 우리 장로님께 범상치 않은 기운(?)이 있는 줄 알고 무서워서 벌벌 떨었다는 이야기를 들었다.

하나님이 고치지 못 할 사람은 없다. 버려진 사람, 망한 사람, 영적으로 죽은 자, 성격에 문제가 있는 사람들을 예수 이름으로 고쳐서 주의 백성으로, 주의 신실한 일꾼으로 만들 의무가 목사에게는 있다. 남이 버린 사람들도 인내하여 잘 견뎌내서 지도한다. 그렇게 되기까지 시행착오를 많이 했다.

전도하러 나갔던 그 날은 유달리 한 성도로 인하여 머릿속이 복잡하였다. 가정은 이혼하기 직전이고 아이들까지 힘들어하는데도 기도를 하지 않는 한 집사님이 계셨다. 세상 사람들이 하는 말에는 귀가 얇고 정작 하나님께는 구하지 않는 사람 때문에 내 영혼이 타들어가는 것 같았다. 내 심장이 너무 아팠다. 미지근한 신앙을 보면 열불이 나서 때론 막 닦달을 하기도 한다. 그러면 그럴수록 그들은 주께로부터 더 멀어졌다. 오히려 세상을 미치도록 사랑하였다. 그래서 나를 고쳐가기로 마음을 먹었다. 수십 년의 세월을 눈물을 흘릴지라도 품어주자. 그러자, 이게 웬일인가? 오히려 그들이 더 편안해 하면서 마음을 주께로 향하였다.

그때 위안을 삼은 한 사람이 있었다. 바로, 어거스틴의 어머니 '모니카'이다. 맞다. 그녀는 방탕하고 이교도에 빠지고 성적性的으로 방종한 아들을 위하여 수십 년을 기도했다. 그래, 기도하는 자의 자식은 절대 망하지 않아. 그들을 위하여 온전히 인내하며 기도하는 자가 되리라. 깊은 밤에 일어나 눈물의 기도를 많이 올렸다.

> "밤 초경에 일어나 부르짖을지어다 네 마음을 주의 얼굴 앞에 물 쏟듯 할지어다 각 길머리에 서 주려 혼미한 네 어린 자녀의 생명을 위하여 주를 향하여 손을 들지어다" _애 2:19

더 많이 감싸주고 사랑하였을 때 주를 찾지 않던 이들이 점점 기도하는 사람들이 되었다. 나의 진실을 깨닫고 변화되어 주께 헌신하는 일꾼들로 거듭났다. 그들의 변화된 모습을 대할 때면 마치 하나님을 본 듯한 벅찬 기쁨을 맛보았다. 아, 오랜 기도와 눈물 끝에 온 그 행복!

다윗의 용사들이 바로 그러했다. 다윗의 용사에서 특기할 만한 사항은 바로 '여호와의 총회에 들어오지 못하도록'(신 23:3) 엄히 규정되어 있는 사람조차 들어왔다는 사실이다. 바로, 모압과 암몬 족속이다. 다윗은 성경에서 금지한 이들까지 자기의 용사로 발탁하였다. 다윗이 여호와의 말씀을 무시하여서 그랬던 것일까? 그것은 결코 아니다. 왜냐하면 그는 율법에 철저했던 왕이기 때문이다. 결국 이들의 합류는 여리고의 기생 라합이나 모압 여인 룻과 같이 하나님이 이방인에게 베푸신 은혜의 결과였던 것이다. 그렇다. 하나님이 고치지 못 할 사람은 없다. 더군다나 아무리 뛰어난 능력가라도 혼자서는 일어설 수 없다. 하나님의 나라는 반드시 능력 있는 소수 일꾼들의 헌신의 바탕위에 건설되어진다. 다윗 역시 이방인 출신의 용사까지 진심으로 여호와를 섬기며 다윗을 따랐기 때문에 다윗의 나라는 더욱 강력해져 갔다.

내가 깨달은 것 역시 지도자가 하나님의 말씀을 붙들고 서 있으면 반드시 사람들이 와서 헌신을 하게 된다는 것이다. 신실하게 주님을 따르면 그들은 자신의 생명을 내어놓고 죽을 때까지 헌신하게 되는 것이다. 정말, 그렇게 죽도록 헌신을 한 아름다운 사람들을 더 많이 이야기 해주고 싶다. 지면에 다 소개하지는 않았지만 연세 지긋하도록 주님을 향한 그 사랑이 활활 타오르는 우리 장로님을 비롯하여 많은 이들의 헌신이 나의 마음속에 곱게 담겨져 있다.

선택의 기로

어머니와 사촌에게 상처를 받았을 때 '하나님만을 붙들기로.' 과감하게 결단을 하였다. 그러면서 혼자 개척의 길을 묵묵히 걸어갔다. 30여 년 이상 목회의 현장에 있었던 어머니에게는 넉넉한 재정과 일꾼들이 있었지만, 나는 도움 받는 것을 철저하게 거절하였다. 한 끼 먹을 식량조차 없이 밑바닥에서부터 '헝그리 정신'으로 고군분투 하였다. 겨울도 무척 춥게 지냈고, 건강도 안 좋았다. 어떤 때에는 눈도 너무 심하게 아파서 약을 먹어가며 4시간씩 눈을 쉬게 하였다가 전도를 나갔다. 그렇게 시간이 지나갈수록 어머니의 마음은 자식을 향하여 날로 기울어져 갔다. 그리움과 안쓰러움으로 가득하였다.

"조카들은 내게 와서 먹을 것은 물론 필요한 것들을 다 받아 가는데, 전도사에게는 노후연금까지 들어주는데, 내 딸자식은 오히려 냉정히 거절을 하고. 조카들은 조금이라도 편한 길을 가려고 사람을 의지하는데, 내 딸 자식… 내 딸 자식은…"

어머니의 마음은 점점 미어져 갔다. 하나님만 바라보는 신실한 삶의 자세는 모든 사람들의 마음을 움직였다. 그동안 오랜 시간을 성도들에게 설교를 하고 주님을 사랑하는 삶의 자세는 성도들에게도 그리움이었다.

다윗은 가난한 목동 출신이었기 때문에 자기 자신이 왕이 된다는 것은 생각조차도 할 수 없는 일이었다. 그런데 어느 날 갑자기 사무엘 선지자가 다윗을 찾아와서 머리에 기름을 부으면서 "네가 앞으로 이스라엘 왕이 될 것이다." 라는 예언을 하였다. 그런데 현실적으로 다윗이 이스라엘의 왕이 될 가능성이 없었다. 왕이 되기는커녕 오히려 다윗은 수많은 위기와 위험을 만나야 했다. 즉 전쟁에서의 위기, 사울의 시기로 인한 죽음의 위기, 이방인들의 공격의 위기 등 이루 헤아릴 수 없는 죽음의 위기를 당해야만 했던 것이다.

그런데 전혀 생각지도 못한 일이 일어났다. 사울과 세 아들이 길보아 산에서 모두 전사해 버리고 이스라엘 장로들의 마음이 드디어 다윗에게로 돌아서게 되었던 것이다. 그들은 자기들의 발로 다윗을 찾았고 다윗에게 부탁을 한다.

"여호와께서도 왕에게 말씀하시기를 네가 내 백성 이스라엘의 목자가 되며 이스라엘의 주권자가 되리라 하셨나이다" _삼하 5:2

이스라엘의 모든 장로들은 하나 같이 다윗을 왕으로 맞이하였다. 그런 다윗을 보며 위안 받는 것은 우리 역시 다른 사람들이 나를 인정해주지 않는다고 실망하거나 원망할 필요가 없다는 것이다. 왜냐하면 아직 하나님의 때가 되지 않았기 때문이다. 묵묵히 훈련을 받고 기다리다 보면, 마침내 때가 이르러 하나님이 사람들의 마음을 움직이게 될 것이다.

귀환

세월이 가도 잊혀 지지 않는 기억은 바로 여관에 있을 때의 일이다. 인생 막다른 곳에서의 여관생활은 우리에게 있어 생존과의 치열한 싸움의 현장이었다. 그런데도 불구하고 그날의 일은 뚜렷이 기억을 한다. 그날 창 틈 사이로 들어오는 빛은 어두 칙칙한 우리의 삶에 비추는 희망의 빛이었는지도 모른다. 어머니는 토요일마다 마음을 다해 주일을 준비하였고 주일날에는 곱게 한복을 입으시고 주일을 맞이하였다. 어머니는 헌금도 토요일에 미리 준비하여 두셨는데, 그날따라 문득 눈앞에 있는 헌금봉투를 열어보고 싶은 충동을 느꼈다. 과연 어머니는 얼마나 헌금을 올릴까? 그 액수가 궁금하여 살짝 열어보았다. 그런데 세상에나. 어린 마음에 쇼크였다.

그때 어머니가 전도사로서 받은 사례금은 15만 원이었고, 헌금 봉투에는 십일조 외에 감사헌금 3만 원이 더 들어있었던 것이다. 우리의 형편에 그 돈이 얼마나 절실하게 필요한 것인지를 잘 알기에 순간 나도 모르게 눈물이 났다. 그때 어머니가 그런 나를 보고는 이렇게 말씀하였다.

"하나님은 우리의 가진 최상의 것으로 섬겨야 한단다."

정말, 어머니는 평생에 신실하게 하나님을 섬기었다. 수십 년을 한결같이, 주님을 사랑하였다. 그렇지만 인생 칠십이 넘어 손자가 없는 그 허전함을 누가 위로할 수 있을까? 물론 어머니의 방식대로 풀어가셨지만. 오히려 그렇게라도 어머니의 마음을 채워드릴 수 있는 그들에게 고마움을 담아드린다.

우리는 전주시 금암동에 있었던 유정여관에서 2년이란 시간을 보낸 후 드디어 그곳을 벗어났다. 별별 사연의 사람들과 몸 파는 여자 그리고 밤이면 담배 연기 자욱한 방에서 들려오는 노름꾼들의 시끌벅적한 소리도 어느 새, 추억 속으로 사라졌다. 그 다음 하나님이 인도하신 곳은 상가교회의 시기를 거쳐 '어은골'이라는 동네다. 벌써 25여 년 전 처음 이 곳에 도착할 때에는 점을 치는 곳이 20개가 넘었고 지금도 절간이 3개나 있다. 그곳에서 허름하니 가마니 깔고 교회를 시작하였다. 지나가는 사람들이 얼핏 보면 마치 거지들이 모여 있는 것 같았다. 난 그곳에서 고등학교를 다녔다. 고등학교 짝꿍이 내게 물었다.

"은총아, 너 어디 사니?"
"응, 나 '어은골'."
"너는?"
"은총아, 너 아니? 어은골이 전주에서 가장 가난한 동네야."

난 그때 짝꿍의 그 눈빛을 아직도 기억을 한다(마치, 나사렛에 무슨 선한 것이 있겠느냐? 말하는 그 눈빛).

난, 그 '어은골'을 위하여 25년 이상을 기도하였다. 처음에 올린 기도는 애들 말처럼 지금 생각해도 웃음이 나오는 기도였다. 교회가 너무 허름하고 가난하니 서울에서 돈 많은 장로님 한 분 보내 달라고 기도하였다. 하하~하!

물론 하나님은 그 기도를 들어주지 않았다. 우리 집 앞에는 200여 평의 공터가 있었다. 가진 것은 쥐뿔도 없는 자가 그 땅을 놓고 하루도 빼놓지 않고 20년 동안 기도하였다. 밤낮으로 그 땅을 밟으며 돌았다.

"주님, 이 땅을 주옵소서. 어은골이 기도의 동산이 되게 하옵소서."

그때, 하나님이 내게 말씀하셨다.

"은총아, 내가 네게 이 땅을 너에게 줄 것이라."

"너는 눈을 들어 너 있는 곳에서 동서남북을 바라보라 보이는 땅을 내가 네 자손에게 주리니 영원히 이르리라 내가 네 자손으로 땅의 티끌 같게 하리니 사람이 땅의 티끌을 능히 셀수 있을찐대 네 자손도 세리라" 창 13:24-16

죽은 자를 살리시며 없는 것을 있는 것처럼 부르시는 하나님은 십여 년의 연단을 거쳐 정말로 나에게 이곳을 허락하여 주셨다. 정말 꿈꾸는 것 같았다. 어쩌면 이럴 수가 있을까? 다윗이 옷이 내려가는 줄 모르고 춤을 추었던 것처럼 나의 영혼도 춤을 덩실덩실 추었다. 덩실덩실 더더덩~실.

모세에게 너를 찾는 자가 다 죽었으니, 이제 "네 민족에게로 돌아가라" 하신 하나님의 말씀처럼 주님은 내게 "어은골로 돌아가라 내가 너에게 준 약속의 땅으로 돌아가라."고 계속 말씀하셨지만 나는 거부하였다. 주님은 계속해서 거기가 수개월 이상 방치되어 있고 기도가 끊어져서 어둠이 득세를 한다고 계속 강권하셨지만 나의 자존심이 허락하지가 않았다. 계속해서 불순종하자 나의 몸에 다시 '요통'이 찾아왔다. 허리가 끊어질 듯이 아파오기 시작하며 아무것도 못하고 단지 누워 있기만 해야 했다. 나중에는 견디다 못해 한의원을 찾아가서 물리치료를 받기도 하였다. 치료를 받고 한의원에서 나와 고개를 돌리니 바로 눈앞에 '어은골'이 보였다. 나는 그 길로 주님께 순종하였고 신기하게 요통이 사라졌다.

다시 이곳에 돌아 왔을 때 마음이 착잡하였다. 기도가 약해진 틈을 타 교회 바로 문 앞에 절이 들어섰기 때문이다. 다른 곳도 아니고 교회 문 앞이라, 죽어라 기도를 하기 시작했다. 예전에 처음 이곳에 왔을 때 기도로 싸워 점집 20개가 없어졌듯이 몇 개월도 되지 않아 절이 문 앞에서 없어졌다. 한 가지 더 기 막힌 것은 20여 년 동안 기도하러 매일 올라가던 그 자리에 버젓이 '절'이 지어졌다. 지금 나는 새벽마다 다시 기도의 골짜기를 달라고 부르짖고 있다. 한국의 많은 사람들이 이곳을 찾게 하시고 영육간의 쉼과 재충전을 갖는 소중한 곳이 되게 해 달라고 기도하고 있다.

사실 '어은골'은 볼거리도 없다. 그저 아주 작은 동네일뿐이다. 그런데 이곳이 바로 내가 서 있는 땅이다. 하루에 4시간에서 7시간씩 부르짖는 나의 땀과 헌신이 진액이 되어 수십 년의 세월과 함께 묻혀 있는 곳이다. 그 누가 알까? 나의 마음을.

그런 나에게 깜짝 놀랄 하나님의 위로가 있었다. 금요기도시간에 윤기봉 집사님이 이런 기도제목을 꺼내 놓는 것이었다.

"주님, 아무리 돈이 많이 들어도 이스라엘 성지를 찾아가고 싶듯이 우리 교회가 한 번 쯤은 꼭 가보고 싶은 교회가 되게 하소서. 전주와 한국 땅과 더불어 세계 많은 사람들이 이곳을 찾게 하옵소서."

허, 기가 막힐 일이로세. 이것은 마치 나이가 90세가 넘은 사라 할머니에게, "사라야, 너 내년 이 맘 때에 아이를 낳을 것이다." 라는 말과 같은 것이다. 적어도 내게는 하하~ 하! 정말,

사라의 기가 막힌 웃음이 이삭(웃음)이란 아이를 받았듯이 나도 인생의 마지막에 크게 웃었으면 좋겠다.

그 분과 함께 하는 나의 모든 삶, 그 분께 올려드리는 나의 모든 기도와 눈물로 인해 많은 이들이 주께로 돌아오기를 바랄 뿐이다.